KB017032

김 윤2&.

펜으로 쓰는 춤

펜으로 쓰는 춤

김윤정 지음

orangeD

차례

3장 나를 채우는 조각들 – 보고 읽는 것에 대한 단상

들어가며 — 춤추는 별이 되기 위해

니체는 『차라투스트라는 이렇게 말했다』에서 "춤추는 별을 탄생시키기 위해서는 내면에 혼돈이 있어야 한다"라고 말했다.

이 아포리즘은 "무엇이 나를 춤추게 하는가?", "무엇이 나를 움직이게 하는가?", "무엇이 나를 인간으로 규정하는가?", "끊임없이 창작하려는 의지와 집착은 어디서 오는 것인가?" 하고 스스로 질문하게 했고, 늘 혼란스러웠다.

그래서 그 질문과 혼란을 쓰기 시작했다. 그리고 그 과정에서 글을 쓰는 행위 자체가 춤을 만들고 춤을 추는 것과 같다는 것을 깨달았다. 또한 세상을 돌아다니면서 떠올랐던 영감과 주제를 표현하는 것이 무용 공연을 창작하는 것과 같은 여정에 있음을 깨달았다. 춤을 추듯이 글을 쓰면서 내 삶의 혼란들은 두려움의 대상이 아닌 오히려 삶을 다양하게, 흥미롭게, 가치 있게 해주는 생산적인 것임을 깨닫게 되었다.

독자들도 이 글을 읽으면서 각자 자기 안의 혼란을 어떤 방식으로든지 꺼내놓길 바란다.

2023년 6월,
김윤정

일러두기

1. 단행본과 정기간행물 등은 『 』, 시와 단편 등은 「 」, 영화와 공연, 전시, 회화 등은 〈 〉, 노래 제목은 ' '로 구분 지어 표기하였다.

2. 외래어 표기는 국립국어원의 외래어 표기법을 따르되, 일부 외국 인명의 경우는 관용적인 표기를 살려 적었다.

3. 한국에 정식 소개된 작품은 한국어판 제목으로 표기하였으며, 소개되지 않은 작품은 우리말로 옮긴 후 원제목을 병기하였다.

4. 인용 출처를 따로 밝히지 않은 경우는 저자가 직접 번역한 것이다.

1장
무대와 인생

– 삶이라는 예술에 대하여

'무대'라는 세상은 무엇인가

〈그런데 사과는 왜 까먹었습니까?〉라는 작품으로 '2021년을 빛낸 안무가상'과 '한국춤비평가협회 2021년 베스트 작품 6' 안에 선정되었다는 연락을 받고, 스스로에게 "춤이란 무엇인가? 무대란 무엇인가?"라는 질문들을 던지며 생각해본다. 어떻게 하면 사회 규칙과 규범에 따르면서도 이 사회의 노예가 되지 않고 창조적인 개인으로 남을 수 있을 것인가? 우리는 몸 안에 갇혀 있어 오직 인식을 통해서만 바깥세상을 경험할 수 있는데, 내 몸과 지성이 인지한 의미들을 어떻게 표현할 것인가?

　움직임만으로는 부족해서 언어를 쓰고, 언어로 표현될 수 없는 것들에 움직임을 찾는 것은 늘 내 작품의 모티브가 되었다. 90세가 넘도록 평생 창작에만 몰두하던 조각가 루이스 부르주아는 인생의 두려움을 극복하기 위해 예술을 한다고 했다. 나는 춤을 출 때 살아있음의 자유를 온전히 누린다. 춤을 추는 그 순간만큼은 백百으로 현재에 존재하기 때문이다.

예술의 시간성

창작을 한다는 건 어딘가 깊숙이 갇히면서도 모든 감각을 열어야 하는 아주 특별한 일이다. 그리고 과거와 미래의 모든 시간성을 내포한 현재에 집중하는 것이다. 무엇으로도 대체할 수 없는 시간의 늪이자 고독한 시간이다. 시간의 흐름 속에 있는 '나'와, 시간의 어떤 명령에도 따르지 않는 '예술' 이 두 가지는 언제나 따로 또 같이 있다. 방향성을 지닌 신체와 어떤 방향성도 지니지 않는 예술을 어떻게 조화시킬 것인가 하는 문제는 늘 중요한 과제로 남는다.

　　춤의 본질은 연마한 기술과 영혼이 담긴 표현의 자유가 있는 움직임이다. 그것을 하나의 작품으로 탄생시키는 것은 또 다른 차원이다. 춤은 그 자체로 본질이기도 하지만 시간과 공간, 의미가 조화를 이루어가는 과정이기도 하다. 작업은 나 자신의 내면의 소리와 세상을 연결하는 것이다. 그야말로 복합적인 시간이다. 그리고 안무나 연출을 할 때는 내 생각과 의도가 댄서들의 몸과 정신을 빌려 표현되어야 하므로 그들과 긴밀하게 조우해야 한다. 공연예술의 가장 중요한 재료는 인간의 몸과 정신이다. 그래서 댄서들 자체가 영감의 원천이 되기도 한다. 가장 중요한 댄서들과 소통하기 위하여 그들의 인간적인 매력과 다양한 측면의 개성을 찾아야 한다. 결국 그들을 사랑하지 않고는 작업에 몰두할 수 없다.

소유할 수 없는 공연예술

예술 작품들은 다양한 방식으로 존재하고 보존되며 시간이 흘러도 후세에 남겨진다. 그리고 미술, 문학, 음악은 사람들이 소유하여 언제든 보고 읽고 들을 수 있고, 시간이 지날수록 그 가치가 더욱 커지기도 한다. 그러니까 예술가가 사라져도 예술가의 정신뿐만 아니라 물리적으로도 작품이 남는 것이다. 그런데 공연예술은 어느 누구도 작품을 소유할 수가 없다.

　공연예술만큼은 그 시간, 그 장소에 함께하지 않은 사람이 작품에 대해 평가하거나 말을 할 수 없다. 얼마나 매력 있는 동시대적 예술인가? 언제고 펼쳐보고 들을 수 있거나, 또는 한 번의 클릭으로 몇 번이고 쉽게 보고 즐길 수 있는 것과는 다른 것이다. 시간을 내서 공연 정보를 찾아보고, 예매하고, 그 시간을 비워 놓고 극장까지 찾아가서 공연을 관람하고자 하는 관객들과, 오랜 시간에 걸쳐 기획과 연습의 과정을 거친 작품이 만나는 순간이라니. 그리고 흔적도 없이 사라져 텅 빈 무대만 남는다니, 얼마나 처연하게 아름다운가 말이다. 공연의 감동과 파워풀한 에너지는 여운을 남기며 그냥 사라지는 것이다.

세상에 존재하는 모든 것들은 사라지기 위해 존재하기도 한다. 완벽하게 사라져야 다시 새롭게 시작할 수 있다고 나는 믿는다. 존재하는 모든 것들이 완전한 존재 여건을 갖추었기에 존재하듯이, 사라질 때도 흔적도 없이 사라지는 것이 자연스러운 것 같기도 하다.

나는 집 안에 지난 작품 포스터나 사진을 잘 걸어 놓지 않는다. 한번 지나고 끝난 것은 그 자체로 존중되어야 하는 것 같아서이기도 하고, 내일과 연결되는 현재가 더 중요하게 느껴지기 때문이다. 가끔 친구들이 공연 영상을 보여달라고 하면 어쩔 수 없이 공유하기도 하지만 이런저런 핑계로 잘 꺼내지 않는다. 대부분 기록용으로 찍은 평면적인 영상은 도저히 공연의 느낌을, 호흡을 그대로 담아낼 수 없기 때문이다. 소유될 수 없는 무형의 예술을 하는 사람들은 그래서 공연이 끝나고 나면 허무하다고 하지만, 사실 공연예술은 그 순간적인 존재함과 사라짐이 있어 더욱 소중하고 아름다운 것일 수도 있다.

개인적으로 미술은 아름다운데 고정된 이미지를 보는 것만으로는 부족하고, 문학은 읽을 때는 감동과 지적 충만감을 주지만 어쩐지 읽는 것만으로는 부족하고(괴테가 『파우스트』에서 말하듯이 이론은 회색이기 때문일까?), 좋은 음악은 온몸과 정신을 흔들어놓기도 하지만 이 또한 듣는 것만으로는 부족하다. 그런데 무용은 내가 좋아하는 이 모든 예술을 어우르며 춤으로, 동작으로, 극적으로 하고 싶은 이야기들을 직접 표현할 수 있다. 무용가로서는 최고의 축복이며 행복인 것 같다.

위대한 안무가가 죽고 그 무용단은 계속 존재하면서, 안무가의 레퍼토리가 그대로 재공연되는 것을 본 적이 있다. 안무가가 죽은 후 남긴 수많은 작품은 안타깝게도 작가가 살아생전에 보여주던 느낌과는 완전히 다른 에너지를 가지게 된다는 것을, 독일이 낳은 20세기 가장 중요한 안무가 피나 바우쉬가 살아 있을 때의 공연과 그녀가 세상을 떠난 후의 공연을 보면서 느꼈다. 심지어 몇몇을 제외하고는 같은 댄서들의 열연이었음에도 불구하고, 피나 바우쉬가 직접 끝까지 옆에서 연출한 공연과 그녀의 부재 속에 재연된 공연은 어딘지 달랐다. 전보다 힘이 빠진 듯한 느낌이었는데, 같은 공연을 본 지인들의 반응도 나와 크게 다르지 않았다.

피나 바우쉬 하니까 잠시 떠오르는 이야기가 있다. 파리의 테아트르 드 라 빌 극장은 1년 회원권을 끊을 때 일곱 개의 공연을 예매할 수 있는데, 다른 여섯 개의 테아트르 드 라 빌 공연을 예약한 사람만이 피나 바우쉬의 공연을 예약할 수 있는 자격이 주어진다. 그것도 1년 전에 예매가 끝나므로, 피나 바우쉬는 한 해의 극장 운영에 크나큰 역할을 하는 셈이다. 늘 매진되는 피나 바우쉬의 공연을 잘 이용한, 극장의 아주 영리한 홍보적 발상인 것이다.

현재 독일 부퍼탈시^ㅏ에서는 대대적인 회의를 거친 후 주정부의 어마어마한 지원을 받아 피나 바우쉬 센터를 건립 중이다. 한 명의 예술가로 인해 하나의 도시가 빛이 나고 그 빛이 꺼지면 또 다른 노력으로 그 혼을 살리려는 독일의 범국가적인 의지를 보면서, 그리고 한 위대한 예술가를 대하는 자세와 그 추진력을 보면서 다시 한번 독일이라는 나라의 문화적 수준에 경외감을 갖게 되었다. 한 예술가를 치밀하게 분석하고 그 정신을 유지하면서, 그 가치를 후세에 어떻게 남기고 계승할지를 생각하는 청사진이 놀랍다.

작가주의적 안무 연출

컨템퍼러리 댄스 작품을 무대에 올리는 작가로서, 우리가 어떤 시대적 상황에 놓여 있고 이 시대가 어떤 지점에 와 있는지를 관찰하고 자각하는 것은 아주 중요하다고 생각한다. 그래서 작품을 시작하기 전에 콘셉트를 세우고 발전시키는 과정이 나에겐 가장 중요하다. 작품은 추상적인 움직임과 이미지로 풀어야 함에도 불구하고 그 명확한 언어(주제)는 항상 필요하다. 그 이유는 이렇다.

　이미지가 먼저냐 단어가 먼저냐 할 때, 대부분의 사람은 이미지 또는 사물이 있고 이름이 붙여졌다고 생각하지만 사실 그 반대인 경우가 많다. 예를 들면, 우리 머릿속에 북두칠성이라는 단어의 개념이 없다면 밤하늘의 별은 그냥 별일 뿐, 별자리로 보이지는 않을 것이다. 이와 비슷한 일화도 있다. 콜럼버스가 신대륙을 발견했을 당시, 원주민들에겐 커다란 배가 보이지 않았다고 한다. 배라는 개념도 없었고 그런 큰 배를 본 적도 없었기 때문에 그들의 눈에는 '배'가 인식되지 않았던 것이다. 인식하고 있어야 보이고, 영감을 떠올리고 창작하는 데 원동력으로 삼을 수 있다.

무대라는 세상

언젠가 극장이라는 무대를 벗어나 대안 공간의 갤러리 또는 야외에서 하는 작업을 해본 적이 있다. 그것은 극장과는 다른 새로운 느낌의 공간과 만나는 즐거움이 있다. 그러나 나는 내가 극장이라는 형식의 어두운 무대를 가장 사랑하고 있다는 걸 알게 되었다. 죽은 듯이 고요하고 어두운 동굴 같은 공간 속에 불이 하나 켜지면서 의미를 갖기 시작하고, 작품에 따라 시대적 · 공간적 배경이 만들어지고, 한두 시간 안에 인생의 희로애락의 에너지가 공기를 타고 전달되며, 모두가 각자의 방식으로 집중하며 하나가 되는 무대라는 장소는 얼마나 매력적인가?

어두운 무대라는 한정적인 장소는 수천수만 개의 가능성을 안고 있는 우주이기도 하다. 무대라는 것은 갇힌 공간이면서도 시간과 공간을 초월한 무한한 세상이 펼쳐질 수 있는 마법이 가능한 곳이다.

공연이 시작되면 무대라는 세상 속으로 들어갈 준비가 된 관객들과 그 공연 자체가 되는 댄서들, 그리고 스태프들이 말없이 자기 역할을 하면서 함께 가는 여정은 아주 특별하게 결속한다. 그리고 불이 꺼지고 암전되면 하나의 세계가 끝난다. 그 후에는 댄서도 관객도 약속이라도 한 듯이 다시 현실이라는 진짜 세상으로 돌아간다.

현실 세계로 돌아간 나는 여름날 공원을 산책하다가 그늘에 앉거나 누워서 보이는 세상을 관찰한다. 또 길을 걷거나 카페에 앉아서 보이는 광경과 소음들을 즐긴다. 모두가 각자의 방식으로 존재감을 드러내며 사랑하고 증오하는 삶의 모습을 지켜보면서 그렇게 일상이, 세상이 완벽하게 구성되어 있다는 것에 놀란다. 어디에 시선을 두어도 완벽한 무대 세트에 다양한 구도에서 등퇴장하는 각기 다른 캐릭터의 인물들, 날씨에 따라 변하는 자연광, 구석에 피어 있는 잡풀, 갑자기 푸드덕 날아드는 비둘기들, 그리고 테이블 위 케이크 조각에 머리를 박고 있는 벌까지, 일상과 자연은 너무나 완벽한 작품이다.

때로는 예상치 못한 지루한 캐릭터의 등장인물도 있다. 테이블 위에 나란히 놓인 고급 차 열쇠와 『젊음을 유지하는 방법』이라는 책의 주인은 얼마나 평범하고 무해한가? 어쩌면 그의 삶은 아주 구태의연할지도 모른다. 물론 그렇게 판단하는 것은 제삼자의 인식일 뿐, 그의 내면은 아무도 알 수 없다. 어쩌면 세상은 그렇게 단순한 듯 열심히 사는 사람들의 힘으로 돌아가는 것일지도 모른다. 단지 그 사람이 읽고 있는 책 제목 하나로 남들이 눈치채지 못할 만큼 빙그레 웃을 뿐이지만, 이 또한 얼마나 즐거운 나만의 선입견에 빠지는 오류를 범하는 순간인가?

　이처럼 완벽한 구성의 일상들은 별 의미 없이 흘러가지만, 무대 위에서 재현되거나 다른 방식으로 표출되는 순간 의미를 갖기 시작한다. 드라마틱하지만 무뎌지는 현실의 장면들이, 무대 위에서 재현될 때는 집중하게 되며 다른 의미로 보이는 것이다.

　그리고 무대의 또 다른 매력은 완성되지 않는 우리의 진짜 인생과는 다르게 무대는 완성으로 끝나야 한다는 것일 것이다. 인생은 마지막 눈을 감는 순간까지 완성되지 않는다. 그러니까 언제나 진행형이다. 우리는 인생 전체를 소유하거나 통제하지 못하고 따라서 인간의 삶 속에 진정한 완성이란 있을 수 없지만, 무대 위에서 펼쳐지는 이야기들은 약속된 시간과 공간 안에서 끝을 맺는다. 시나리오가 없는 무용 공연은 열 명, 백 명의 관객에게 열 개, 백 개의 의미가 된다. 그리고 구체적인 대사 없이 움직임과 춤으로 펼쳐지지만, 그 안에 서사가 흐르고 그 의미는 관객의 몫으로 남기도 한다.

　재독 철학자 한병철은『리추얼의 종말』에서 사람들은 과잉된 개방과 탈경계 속에서 맺음 능력을 상실해가며, 끝없는 접속 가능성이 있는 공간에서는 끝맺음을 맺지 못한다고 말한다. 또한 장소와 이야기는 하나의 맺음 형식이고, 인간은 장소적 존재이기에 장소

가 비로소 머무름을 가능하게 한다고도 말한다.[1]

그가 말하는 장소는 나에게는 곧 무대가 되고, 현실에서는 불가능한 맺음을 해야 하는 곳인 것이다. 예술과 창작의 세계는 무한한 자유로움을 각자의 방식으로 형상화하여 보여주어야 한다. 영감을 받고, 콘셉트를 연구하고, 표현 방식을 찾고, 형상화한 후 마지막에는 다시 버려야 할 것들을 과감하게 버리는 것도 맺음을 하는 데 중요한 부분이다.

인간은 카오스다. 질서가 본능이 아니다. 그리고 다행히도 춤은 논리가 줄 수 없는 혼란과 혼돈을 정리해준다. 이 얼마나 아름다운 예술인가?

내가 꿈꾸는 공연은?

어떤 형식에도 매이지 않고, 좀 더 위험하고, 친밀하고, 낯설고, 무언지 알 수 없는 비밀을 간직한 듯 신비하고, 무어라 형용할 수 없이 슬프고, 아련하게 노스텔지어하고, 자신과는 다른데도 공감이 가고, 웃음이 나면서도 아프고, 일상처럼 특별할 게 없는데 감동을 주고, 공허한 듯 황홀하고, 명확해지는 듯하다가도 아득해지고, 그러다가 결국에는 위태롭지만 숨길 수 없는 인간의 아름다움을 드러내는 작품을 하고 싶다.

그래서 관객들이 극장까지 찾아오는 길에는 기대와 설렘이 있고, 공연이 끝나고 집으로 돌아가는 길에는 아무리 멀어도 작품의 감동과 여운으로 그 길이 지루하지 않을 그런 작품을 올리고 싶다.

그래서 페데리코 펠리니의 영화 〈8과 1/2〉의 주인공 귀도의 마지막 독백처럼, 어떤 거짓도 없이 모든 사람들에게 유익하고, 우리 안에 죽어 있는 모든 것들을 영원히 묻어버릴 수 있는 작품을 하고 싶다는 꿈을 꾸어본다.

ⓒ한용훈   〈울프〉

우리는 모두 각자의 상자 속에 살고 있다

나는 워낙 잡다하게 다양한 것들에 관심이 많다. 책을 읽거나 영화를 보다가도 와닿는 것이 있으면 메모하는 습관이 있다. 그렇게 메모한 텍스트들은 생각의 자양분이 되어 나의 작품 속에 녹아든다. 춤은 말로는 할 수 없는 것을 표현해주는 힘을 가지고 있지만, 때로는 움직임만으로는 부족해서 나는 간간이 작품 속에 텍스트들을 쓴다. 〈완벽한 사랑〉이란 작품에는 장뤼크 고다르의 영화 〈미치광이 피에로〉의 "너는 나에게 단어로 말하고 나는 너를 느낌으로 바라보니까", "너하고는 대화가 불가능해"라는 대사를 재구성해서 쓰기도 했고, 〈그런데 사과는 왜 까먹었습니까?〉에는 튀니지의 극작가 잘릴라 바카르의 희곡 『주눈』의 일부를 각색해서 사용하기도 했다.

공연이 없는 동안에도 일상에서 보고 듣는 것들에서 영감을 받고 다음 작품 준비 모드로 들어간다. 그러니까 공연을 하지 않고 있어도 늘 공연 준비 중인 셈이다. 나의 모든 관심사는 무대로 향한다. 한 작품을 무대에 올린다는 것은 오랜 시간 콘셉트를 구상하고, 지원금을 신청하고, 연습에 들어가는 모든 과정을 거친다는 의미이다. 구상부터 무대에 오르기까지 오로지 작품에 몰입하는 시간이다. 특히나 연습실을 오가며 공연을 준비하는 동안은 공연이 잘못되면 마치 세상이 끝이라도 날 것처럼 오로지 작업 생각뿐이다. 스태프들과 틈틈이 만나 소통하고, 무대를 상상하면서 댄서들과 연습에 몰입해야 한다. 매일 연습하는 과정을 영상으로 찍고, 연습이 끝나면 모니터링을 통해 세밀한 부분을 수정하고 전체 그림을 생각하면서 늘 몸과 마음을 풀가동한다.

다른 세계

〈그런데 사과는 왜 까먹었습니까?〉 공연을 준비할 당시, 서울에 집이 없다 보니 종로구 계동의 한옥 스테이에서 머물렀다. 나지막한 한옥과 카페, 그리고 식당들이 정겨운 느낌의 동네라 아주 마음에 들었다.

　연습이 없던 어느 날, 작품 속의 텍스트를 정리하려고 노트북을 들고 동네 카페로 향했다. 마침 점심시간이어서 계동길에 있는 현대빌딩에서 쏟아져 나오는, 내 눈에는 마치 몇천 명처럼 보이는 어마어마한 회사원의 인파와 부딪혔다. 평소에는 조용한 동네가 점심시간이 되니 사람들로 넘쳐 났다. 식당과 카페들이 주변 회사원들로 꽉꽉 차 있는 가운데, 웬 추리닝을 입은 중년 여자가 카페에 혼자 앉아 있는 모습이라니. 나름 자유로운 영혼이라 타인에게 크게 해가 되는 정도가 아니면 남의 시선은 별로 신경 쓰지 않는 편이지만, 그날은 적잖이 신경이 쓰였다. 전혀 어울리지 않는 빈티지한 화병이 모던한 건물 안에 잘못 자리 잡고 있는 듯한 느낌마저 들었다.

　여기저기서 들려오는 직장인들의 대화가 (물론 평범한 회사원들의 이야기일 수 있지만) 얼마나 생소하게 다가오던지. 문득 '아, 세상이 연습실과 무용 공연이 전부가 아니었지?'라는, 그야말로 바보스러울 정도로 당연한 생각이 밀려왔다. 적어도 나에게는 가장 중요한 나의 세상이 누군가에게는 전혀 관심 밖의 일일뿐더러, 이 세상은 이렇게 회사에서 일하는 사람들의 힘으로 돌아가는 것이기도 하다는 새삼스러운 생각이 들었다.

　어찌 보면 우리 자신은 세계의 중심이 아닐지도

모른다. 세상이 자신을 중심으로 돌아가는 것 같지만, 사실은 그저 자신이 보고 듣고 느끼는 만큼의 세상의 크기가 자신을 중심으로 돌고 있을 뿐이다. 다시 말해 자신이 아는 세상만이 전부이고 현실인 것이다. 아무리 수많은 사람들이 굶주림으로 고통받고 전쟁으로 죽어가고 있다 해도, 어쩌면 우리의 현실이 아닌 것이다. 물론 그렇게 멀리서 일어나는 일들에 깊은 관심을 가지고 행동으로 뛰어드는 사람들도 있다. 그러나 대부분의 평범한 사람들은 가슴이 먹먹하다가도 눈앞의 현실을 마주하다 보면 그런 엄청난 일조차 잊기 일쑤다. 결국 인간은 모든 대상을 자신의 크기만큼으로만 측량할 수밖에 없는 것이다.

각자의 박스

우리는 각자 자기만의 박스 속에서 살아간다. 자신의 박스 속에 깊이 들어갈수록 자기 분야에서 적어도 무언가를 해낼 수 있다. 그러나 다른 사람의 박스는 아무리 열심히 들여다봐도 피상적일 수밖에 없는 한계가 있다.

그러고 보면 우리는 각자 독백을 하고 있는지도 모르겠다. 페르난두 페소아는 "훌륭한 대화는 두 개의 독백"이라고 했다. 아리송한 이야기일 수 있지만 생각해보면 그럴 수도 있다. 우리는 각자의 방식으로 자신을 표출하고 있지만, 정작 누구를 향해서 떠들고 있는지 모른다. 대상이 있는데 대상이 없다는 것이다. 그런데 그 대상들도 자신들의 이야기를 들어달라고 아우성이다. 우리는 하고 있는 말, 하고 싶은 말, 듣고 싶은 말이 다 다르다. 우리는 같은 시간, 같은 공간 안에 살고 있어도 너무나 다양한 가치관과 생각으로 살고 있다.

유발 하라리는 "모든 상상의 공동체는 실제로 서로 알지는 못하지만 서로 안다고 상상하는 사람들의 공동체다. 이것은 새로운 발명이 아니다. 왕국, 제국, 교회는 상상의 공동체로 수천 년씩 기능해왔다"[2]라고 말한다. 누군가는 신을 영접하고 지도자가 되기 위해 신학 공부에 전 생애를 바치고, 또 누군가는 돈과 물질에 인생을 바친다. 누군가는 자연을 정복하기 위해 산과 바다에 맞서다 목숨을 잃기도 하고, 누군가는 타인의 불행과 고통을 나누기 위해 일생에 걸쳐 헌신하기도 한다. 나처럼 평범한 사람들은 주어진 능력과 시간 안에서 자신의 삶을 살아내기 바쁘다. 나는 타인들의 일생을 보면서, 모두가 저마다 다른 박스 속에 살고 있다는 사실에 새삼 신기함을 느끼고 또 위안을 얻는다. 그렇게 생각하면 우리는 각자 다 자기 자리에 있다. 스스로 그렇게 살면서 그 자리에 맞는 위치에 가 있다.

엄마의 시골

한국에서 머무는 동안 연습이 없을 때는 엄마가 있는 전라도 영암에서 시간을 보낸다. 엄마는 전라도와 아무 인연도 없었지만, 오랫동안 전원생활을 하고 싶다는 꿈을 간직하다가 그곳에 정착했다. 아주 오래전부터 엄마가 땅 냄새 맡으며 살고 싶다고 하실 때, 나는 그건 상상 속에서나 좋아 보이지 실제로 나이 들어 시골에서 사는 건 아무나 하는 게 아니라며 엄마의 말을 별로 귀담아듣지 않았다. 그러나 용감한 우리 엄마는 결국 꿈을 이루었고, 엄마의 꿈을 과소평가했던 것이 죄송하리만큼 만족하며 10여 년이 넘도록 잘 살고 계시다.

나도 처음과는 달리, 아무 일도 일어나지 않을 것 같은 정적 속 엄마의 집이 내 집처럼 친밀하게 느껴졌다. 이제는 심지어 그 평화로운 지리멸렬함이 아름답기까지하다. 마당에 나가 딸기와 결명자를 따며 즐거워하는 엄마, 이름 모를 풀 한 포기도 예사로이 보지 않는 엄마는 보는 사람도 없건만 혼자 사는 집에서도 머리 뒤태까지 신경 쓴다. 나는 엄마가 혼자 살면서도 어쩜 그렇게 독립적으로 씩씩하게 살 수 있는지 관찰하게 되었다. 나이가 들면 엄마처럼 자기 세계관이 뚜렷하면서도 세상사에는 유연하고 스스로 행복할 수 있는 삶의 자세를 지니고 싶다. 정이 넘치지만 타인과 자신의 삶의 거리를 적절히 유지하고, 스스로 건강을 챙기며 사는 엄마는 내가 미래에 엄마의 연세가 될 때 닮고 싶은 모습이다.

나의 인생은 누구나 겪을 만한 크고 작은 굴곡들이 있었지만, 그래도 지난 시간을 돌아보면 하루하루가 축제였다. 그런 축제는 엄마가 계셨기에 가능한 것이었다. 엄마는 자수성가한 가부장적인 아빠를 만나 고생을 많이 하셨다. 그렇게 괴팍하고 고지식한 아빠 밑에서도 늘 자식들이 원하는 걸 힘껏 밀어주시느라 최선을 다하셨다. 우리 어머니 세대들은 일제 시대, 6·25 전쟁, 그리고 군부 독재 아래 근대 시대를 지나 현대를 살아내고 있는 분들이다. 한평생에 그토록 역동적인 역사를 겪고 살아오셨으니, 우리는 결코 느낄 수 없는 세월의 무게감을 묵묵히 견뎌왔을 것이다.

바라봐주는 시선으로 완성되는 것

한국에 잠시 들어왔을 때 코로나로 인해 인생 처음 해보는 자가 격리를 시골에서 했다. 엄마 집에 와이파이도 없는 김에, 최소한의 문자 이외에는 핸드폰도 꺼놓고 아날로그적인 시간을 가져봤다. 단순하게 먹고, 운동하고, 독서하는 시간에 상상을 초월할 정도의 집중력이 생기는 새로운 경험이었다. 산초에 묻혀 혼자 사는 기인들이 왜 그런 삶을 사는지 아주 잠깐이지만 미약하게나마 느껴본 것 같다. 자신을 대면하고 사는 시간보다 미디어에 휩쓸려 세상을 걱정하는 시간이 더 많다는 것을, 정작 자기 자신을 알아가는 시간에는 얼마나 인색했는가를 생각해보는 시간이기도 했다.

동풍과 서풍이 반반 섞인 듯한 바람을 맞으며 가만히 마당에 앉아 넓은 평야를 보고 있으면, 마치 서부 개척 시대 영화에 나오는 대지주의 고독이 느껴지는 듯한 착각에 빠진다. 석양을 바라보고 있노라면 밑도 끝도 없는 노스탤지어한 감성에 젖어 들기도 한다. 때로는 숨겨지지 않는 비밀을 간직한 듯 시시각각 변하는 하늘에 이끌려 이리저리 사잇길을 걸어 다니기도 한다. 그러다 문득 들판 한 모퉁이에 수줍게 혼자 피어 있는 들꽃이라도 발견하면 진심으로 그 아름다운 빛과 자태에 매혹당한 채 한참을 바라본다. 오가는 사람도 없는 곳에 핀 꽃이, 그렇게 나라도 바라봐주어야 비로소 꽃으로 태어나 완성되는 것 같았기 때문이다. 내가 발견하고 봐주지 않았다면 그 꽃은 자신이 아름다운 꽃이라는 걸 알지도 못하고 남몰래 피었다가 져버리고 말았을 것이다.

　그래서 제삼자의 시선은 필연적으로 누군가의 존재를 완성해준다. 우리가 아무리 각자의 박스 속에 살고 있다 해도, 그렇게 서로 봐주고 들어주지 않는다면 무슨 의미가 있을까? 들에 핀 꽃을 발견하고 감탄하는 순간 그 아름다움이 비로소 드러나듯이, 우리도 서로의 시선을 통해 비로소 존재하며 빛을 발한다.

나의 쓸모없음

시골에서는 내가 그렇게도 열중하는 무용 공연 따위는 중요하지 않다. 스위스의 철학자이자 소설가 알랭 드 보통은 『불안』에서 세상은 귀족이나 성직자가 없어도 돌아가지만 농부가 없으면 돌아갈 수 없다고 말한다[3]. 맞는 말 아닌가? 시골에 가면 '나'라는 존재가 얼마나 무용지물인지 알 수 있다. 한 인간이 자신의 쓸모없음을 깨닫는 순간은 의외로 단순하다. 내가 어느 자리, 어느 곳에 있느냐에 따라 나의 쓸모는 한순간에 바뀐다.

　시골에서는 그야말로 베짱이 같은 시간을 보내기 일쑤다. 시골에 가면 기껏 한다는 일이 향수가 아닌 모기 기피제를 뿌리고 나가 열심히 일하시는 분들의 땀이 서린 들판을 보며 감상에 젖거나, 그 사잇길로 자전거를 타고 바람을 맞으며 유유자적 다니거나, 해가 지는 하늘을 핸드폰에 담는 것이다. 그리고 면으로 나가서 새로 생긴 카페에 앉아 자판을 두드리며 아무도 읽지 않는 글을 끄적거리거나, 책을 읽으며 자신이 되는 것밖에는 할 줄 아는 게 없다. 말 그대로 가장 쓸모없는 인간이 되고 마는 것이다.

페소아는 『불안의 서』에서 지성인들을 사회 밖으로 추방하면 그들은 죽어버릴 수도 있다고 말한다. 노동하는 법을 모르고 지성만 가지고 있기 때문이다. 또한 인류의 불행을 지적했던 지성인이 없었다면, 인류는 불행을 인식하지 못했을 것이라고도 한다. 하지만 나라는 인간은 그렇게 지성인도 아니다. 어중간한 지성으로 노동도 할 줄 모르고 자기 잘난 맛에 사는 나르시시스트 예술가이다. 아니, 어쩌면 사회를 향해 마음껏 책을 써대며 사회적 불행과 현상을 분석하는 철학가도 지식인도 아닌 것이 얼마나 다행인가 싶기도 하다.

문명 속의 세계관

엄마의 바로 이웃집에 사시는 할머니는 97세이다. 옷가게를 한다는 딸이 보내준 새 옷을 입은 날은 감이나 농사지은 채소를 들고 스윽 들르신다. 그러면 새로 입으신 옷이 너무 잘 어울리신다고 내심 진심을 담아 말씀드린다. 그런 칭찬에 정말 즐거워하시는 모습에서 할머니 안의 소녀를 본다. 할머니는 늘 투박한 사투리에 주어가 빠진 상태로 말씀하시면서 큰 소리로 웃으신다. 그러면 엄마와 나도 같이 웃는다. 할머니가 가시고 나서 "엄마, 뭐라고 말씀하신 거야?" 하고 물으면 그러면 엄마는 아무렇지도 않게 "나도 몰라"라고 하신다. 알아들으면 듣는 대로, 못 알아들으면 또 그런대로 상관없다는 표정이다. 하긴, 뭐가 그리 중요하겠는가? 어차피 다 기억도 못 할 이야기들인데.

이웃 할머니는 문맹이다. 엄마가 사는 시골 마을의 어르신 중에는 의외로 글자를 모르는 분들이 꽤 있다고 한다. 평생 글자를 모르고도 자식들을 다 키우고, 아흔이 넘도록 살아오면서 터득한 지혜로 여전히 당당한 할머니의 모습을 보며 나는 처음으로 문맹이란 것을 생각해보게 되었다.

우리는 글자를 통해 대상을 인식하고 지식을 쌓고, 자아 형성에 영향을 받으며 각자의 세계관을 만들어간다. 그런데 평생 글자를 모르고 살아온 분들은 그런 경험 없이도 자기 안에서 발생한 자아로 자신들의 세계를 구축하고 살아온 것이다. 천주교 신자인 엄마를 따라 성당에 가면 연세 많으신 어르신들 사이에 앉아, 그분들이 기도하며 신을 섬기는 모습을 조용히 관찰한다. 평생 농사를 짓느라 허리는 휘고 불편해 보이지만, 꿋꿋하게 지켜온 자신들만의 세계는 확고해 보인다.

가끔 타인을 들여다보면서 자신을 반추하는 느낌도 특별하다. 타인을 알아간다는 것은 사실 진짜 그 사람을 알아가는 것이라기보다는 자신의 눈으로 보고 느껴지는 감각과 감정들, 다시 말해 자신이라는 필터로 걸러 보여지는 자신의 생각을 믿는 것일 뿐이다. 페소아의 말처럼 누군가를 이해한다는 것은 다층으로 이루어진 오해에 불과할 수도 있다. 그런데 어차피 인생이 그런 것 아니겠는가? 한 개인이라는 것은 불과 백여 년 동안 교육받고 깨닫고, 만나는 사람들을 통해 소통하고, 직간접적 경험들을 섞어서 자신의 머리와 가슴으로 걸러지는 생각들로 이루어진 정도니 말이다.

그럼에도 세상은 신념과 확신을 가지라고 한다. 그런데 자신을 진정으로 들여다보고 주변을 살펴보면, 신념과 확신이 얼마나 쓸데없는 것인지를 깨닫게 된다. 신념과 확신이 강할수록 우리는 또 다른 오류와 선입견에 갇히기 때문이다.

인간이 가지고 있는 학습된 지성과 지식을 배제하고 원초적인 순수한 인간으로 만나는 일은 가능한가? '나'라는 범위가 내가 가지고 있는 어떤 것들, 나와 연계된 모든 것들을 포함한다면 과연 한 인간으로

서의 정의는 무엇이며, 나 그리고 타인이라는 정의의
경계는 무엇일까?

끝없는 질문들이 꼬리를 문다.

우리는 모두 각자 자기들만의 박스 속에서 다양
한 모습으로 살아가고 있다. 그럼에도 우리가 알 수 없
는 방식으로 어떻게든 연결되어 있다는 것이 신기하
다. 보이지 않는 어떤 우연 또는 필연들로 연결되어 있
다는 것이 말이다.

타인을 백 퍼센트 이해하는 것은 불가능하지만,
우리는 타인의 존재를 통해 비로소 존재하기도 한다.
각자의 삶이 다르기에, 우리 모두의 삶은 가치 있는 것
이 아닐까.

나를 언어로 규정하기

나는 올해[4] 하고 싶었던 신작 지원 사업에 떨어졌다. 그래서 요즘은 본의 아니게 작업할 때보다 더 자유로운 삶을 살고 있다. 올해 계획을 묻는 지인들에게는 신나게 놀러 다니며 나다움을 더 찾는 시간을 가질 거라고 말한다. 그러니까 어딘지 좀 더 있어 보이게 이야기한다. 그런데 올해는 정말로 목적 없는 여행을 다니며 마음껏 책도 읽으면서 자유를 누리고 있다.

심지어 떨어진 지원서 안의, 아직은 글자 안에 갇혀 있는 작품이 내가 진정 하고 싶었던 것이 맞을까 하는 의문이 들 정도로 내 마음은 이미 떠나 있다. 실현되지 못한 작업의 콘셉트는 버림받은 애인처럼 잊힌 사랑이 된 것이다. 그런데 자유롭게 여행도 하고 책도

실컷 읽으며 지내다 보니, 정말 스스로의 의지로 이런 시간을 만든 것처럼 즐기고 있는 자신을 발견한다.

그래서 요즘은 여행을 다니는 시간 외에는 어떤 의무감도 없이 내 안으로 침잠하는 글을 천천히 읽거나 별로 중요하지 않은 일을 하며 지내고 있다. 말 그대로 단순하고 꾸밈없이 현존으로 채워지는 유기적인 삶을 살고 있는 듯하다. 나를 감싸는 고요한 침묵 속에서 책을 읽는 동안 한 단어, 한 문장이 내면으로 떨어지면서 요동치는 순간을 즐기는 것이다.

몸으로 말하고 표현하는 나는 왜 이토록 지면에 고정된 단어와 문장에 열중할까 생각해보기도 했다. 그리고 그동안은 늘 편식하듯이 내가 좋아하는 작가들의 성향을 따라 책을 보다가, 요즘에는 평소 관심이 없던 분야의 책을 읽기 시작했다. 읽으면 읽을수록 아는 것들은 적어지고 모르는 것들이 늘어난다. 너무 신기하고 새롭다. 새로운 세상은 점점 더 나를 비우며 모름의 공간을 늘려준다. 나는 나라는 사람이 이렇게 작아지고 작아져서 한 점이 되고 단순해지다가 흔적도 없이 사라지면 너무 멋질 것 같다는 공상도 해본다.

나를 확장시키는 독서

언젠가부터 인간 중심적인 사고에서 벗어나 모든 것들을 바라보는 사조가 일어나기 시작했는데, 나는 어쩐지 인간 중심적 사고에 갇혀 크게 관심을 두지 않았었다. 하지만 요즘에는 물리적·정신적으로 시간이 있으니, 인류학자이자 생태학자인 에두아르도 콘의 『숲은 생각한다』를 읽고 있다.

이 책은 한 장을 넘기는 데도 시간이 걸리고 인내가 필요하지만, 읽다 보면 온몸과 마음이 경이로 가득해진다. 처음에는 아마존 숲의 이야기가 그다지 흥미롭지 않았고 시작도 조금은 힘들었다. 환경에 관한 다큐도 몇 편 보았지만, 워낙 예민한 이슈임에도 불구하고 개인적으로 관심사가 아니었다. 인간보다도 몇천만 년이나 오랫동안 존재했던 자연을 그저 백 년 남짓 사는 인간들이 걱정해야 한다는 게 어딘지 부자연스럽다는 편견이 있었기 때문이다. 그런데 이 책은 환경 이야기가 아니다. 이 책은 경이롭게도 아마존 숲의 눈으로, 동물과 식물의 눈으로 인간을 바라보며 인간 중심주의를 벗어나 세상을 깊고 넓게 사유하게 한다. 그리고 결국 그것은 인간의 이해와 성찰로 돌아온다.

크리스티앙 보뱅은 독서를 이렇게 표현한다.

"내가 책을 읽는 건, 보기 위해서예요. 삶의 반짝

이는 고통을, 현실에서보다 더 잘 보기 위해서예요."[5]

파스칼 키냐르는 또 이렇게 말한다.

"독서는 자신의 정체성을 잃고 책 속의 다른 정체성과 결합한다는 점에서 충분히 무모한 경험이다."[6]

독서를 통해 얻어진 다양한 지적 정체성의 또 다른 나는 내가 어려움에 처할 때 위로가 되고 든든한 힘이 되어준다.

'나'를 언어로 규정해보자

'더 프리뷰The Preview'라는 웹진에 글을 연재하면서 지인들의 피드백을 듣는 재미는 생각보다 쏠쏠하다. 친한 지인 또는 친구들은 나의 개인적인 이야기가 담긴 글이 더 재미있다고 한다. 그런데 나를 모르는 독자들이, 그야말로 순수한 타인들이 개인사에 무슨 관심이 있을까 싶어 어느 정도 그런 이야기들과는 거리를 두고자 했다. 중요한 건 내가 보고 느끼는 이야기들을 쓰면 된다는 생각이었다. 그런데 사실 이야기는 중요하다. 나도 하나의 이야기이니까. 지구는 달을 중심으로 돌지만 인간은 이야기를 중심으로 돈다고 하지 않는가?

이야기가 언어를 통해 인식되고 전달되듯이, 인간도 언어를 통해서 규정된다.

나는 나 자신과 너무 밀착되어 있어 스스로를 객관적으로 보며 글을 쓴다는 것은 거의 불가능하지만, 나를 언어를 통해 규정해보기로 한다. 이 글을 읽는 타인들에게 다분히 나르시시스트적인 성향의 글에 미리 용서를 구한다.

나는 인간과 사물들을 따뜻한 시선으로 바라보는 감수성을 가지고 있으며, 어느 정도 공감력도 가지고 있다. 그리고 사랑하고 존경하는 가족과 친구들도 있으며 평소에 작고 소소한 일들에 감사할 줄 아니 불행과는 조금은 거리가 있는 사람이다. 인생의 불가항력인 슬픔도 느낄 줄 알며 부조리한 세상을 바라보는 직관도 있는 것 같다. 그리고 그런 것을 어떻게든지 표현해보겠다고 무대를 떠나지 않고, 아직은 남아 있는 열정에 기대어 가고 있기도 하다. 지쳐 나가떨어질 만도 하지만 아직 포기할 만큼은 아니니 그 또한 다행이다.

나의 삶은 적당히 고요하고 평화롭고 또 적당히 불안하고 고독하다. 가끔 내가 없는 곳에서 입에 오르내리기도 하겠지만 누군가에게 큰 해를 끼치는 정도는 아니므로 그런대로 참 괜찮은 삶으로 보인다. 아니, 그렇다고 스스로 여긴다. 누군가는 내게 긍정의 에너지라는 말을 하는데, 나의 긍정과 행복지수는 의외로 아주 단순한 이유에서 온다. 일단 야망도 꿈도 크지 않기 때문이라는 진단을 스스로 내린 바 있다.

그리고 사실 나는 낙천주의보다는 염세주의에 가까운 사람이다. '우리는 모두 죽는다', '우리는 모두 언젠가 영원히 이별한다'는 것을 인지하고 있으면서 낙천적인 성향을 지닌다는 것은 거의 불가능하다. 그러나 니체의 말처럼 "삶은 헛되고 헛되니 또 헛되도다"라는 것을 알고 우리는 모두 사라지기 위해 존재한다는 것을 알면, 사라지기 전에 만나는 이 순간순간이 얼마나 소중하고 그 자체로 의미가 있는지를 깨닫게 된다는 나름의 궤변이 내가 가진 긍정의 비밀이다.

무엇보다 자신이 할 수 있는 일과 할 수 없는 일을 현실적으로 구분하려고 노력하다 보니, 시간과 에너지를 과도하게 낭비하는 일이 적은 편이다. 물론 하고 싶은 일을 다 할 수는 없다. 그럼에도 만족하는 삶, 아니, 만족한다고 우기며 살다 보니 만족해지는 삶, 지극히 나를 중심으로 살다 보니 무언가 충족되는 삶, 충족되다 보니 주변이 보이고 사랑하고 싶은 삶을 살고 있다.

살면서 치밀하게 계획을 세워본 적이 없다. 계획을 세우기에는 늘 순간순간에 처한 일들이 충만함으로 다가와서, 요즘처럼 한가한 나날조차 읽고 싶은 책들을 천천히 읽는 것만으로도 벅차다. 인생을 허비하는 시간에도 자연이 햇살의 자양분을 빨아들이듯 그 순간에 충실한 생활을 하고 있는 것이다.

어린 시절 너무 재미있게 읽었던 『이상한 나라의

앨리스』의 문장 중에서 늘 내 안에 맴도는 한마디가
있다.

"내 기분은 내가 정해. 오늘은 행복으로 할래."

'자기다움'이란 것

어느 날, 아들 유진이가 어디선가 강연을 듣고 가슴에
너무 와닿았다며 들려준 이야기가 있다. 나중에 인생
을 다 살고 저세상에 가는 문턱에서 누군가 "너는 왜
부처처럼 살지 못했어? 왜 예수처럼 살지 못했어? 왜
스티브 잡스처럼 살지 못했어?"라고 물으면 할 말이
있다는 것이다. 자신은 그들만큼 큰 그릇이 못 되고 똑
똑하지 못했다고 말이다. 그런데 "왜 유진이처럼 살지
못했어?"라고 하면 할 말이 없다는 것이다. 그러니까
진짜 자기다운 자신을 살아내야 한다는 것이다.

'자기다움'이란 무엇일까? 자기다움이라는 본질
안으로 들어가려면 자신의 안테나와 자신에게 보내지
는 신호의 주파수를 잘 맞추어야 한다. 그러려면 잠시
주변의 시끄러운 소리를 끄고 자기답지 않은 건 버리
고 비워야 한다. 그리고 자기 소리를 들어야 한다.

하루 종일 물결치듯 변하는 자신을 견딘다는 게
어찌 보면 가장 어려운 일이다. 그러나 우리는 견뎌야

한다. 지루함과 남루함 그리고 초라함과 외로움조차 견디고 견뎌야 한다. 그다음에 오는 일상의 풍족함, 기쁨, 성취감, 자신감, 행복함도 잘 견뎌야 한다. 영원한 것은 아무것도 없다. 인생의 목적은 소유가 아니라 존재이기에 더욱더 그 순간들을 버텨야 한다. 그리고 인식하고 느끼고 또 비밀로 가득한 표식들을 읽어내야 한다. 올해 지원 사업에 떨어져 공연을 못 하게 된 것도 어쩌면 자신을 돌아보라는 표식이었을지도 모른다. 사실 우리는 종일 그런 표식들에 둘러싸여 있다. 우리가 얼마만큼 그런 암호들을 잘 분석하고 따라가느냐가 중요하다. 그것은 수학적인 공식으로 하는 것이 아니므로 열려 있어야 하고 나다움에 집중하고 있어야 한다. 그런 힘이 필요한 오늘이다.

　이렇게 시간이 주어졌을 때 가보지 못한 곳을 다니며 여행하는 것도 좋지만, 자신 안에 들어가 자신을 여행하고 나와서 그에 관한 관찰을 써보는 일은 무언가 색다르다. 하루하루 모험의 시간이 찾아온다. 즐기자. 기꺼이 몸과 마음을 던지자. 그리고 사랑하자. 나누자. 내일 나의 종말이 올 수 있으니 지금, 그리고 여기에 있자. 지금 그리고 바로 여기가 아니면 우리는 아무것도 할 수 없다.

인터넷 시대 우리에게 행복이란

고대 그리스 철학자 소크라테스는 그의 설파가 청년들을 현혹하고 아테네 민주주의에 반한다는 이유로 사형을 당한다. 현대사회에서 도널드 트럼프 같은 사람은 사회에 부적절한 영향을 미친다는 이유로 강제로 소셜미디어 계정을 삭제당하게 된다. 고대에 행해지던 사형과 같은 효과가 현대에는 소통의 창구를 빼앗는 행위로 대체된다. 이런 상황을 보면 사람을 사형하는 것보다는 나은 것 같지만, 어쩐지 소셜미디어 기업들의 막강한 영향력이 불편하고 위험하게 느껴진다(개인적으로는 트럼프의 지지자도, 그 반대도 아니다. 자국민의 이익을 우선시해야 하는 남의 나라 대통령을 타국민의 눈으로 말할 수 있는 게 없기 때문이다).

처음에는 멀리 있는 사람들을 연결해주고 더 나은 소통을 위해 만들어졌다고 해도 결국 돈을 버는 게 가장 큰 목적이 된 소셜미디어는 상상을 초월하는 문제들을 일으키고 있지만, 체계적인 규칙과 시스템을 구축하기에는 역부족으로 보인다. 인터넷 세상의 문제들은 질 들뢰즈의 '리좀 이론'처럼 뿌리들이 마구 뻗어나가 더 이상 제재할 수 없는 상황이 된 것이다.

지금까지 우리는 끝없이 새로운 문명의 도구들을 발명해왔다. 그러나 예전의 도구들은 인간이 직접 다뤄야만 움직이는 것이었다면, 최근 4차 산업 혁명의 문명은 인간의 손을 벗어나 마구 퍼져 나가는 힘을 가지고 있다. 인간이 만든 알고리즘이지만 그 알고리즘은 인간의 통제를 벗어난다는 것이 문제다.

소셜미디어 플랫폼을 개발한 실리콘밸리의 전문가들이 스스로 경각심을 느끼고 경고하는 메시지를 담은 다큐멘터리 〈소셜 딜레마〉를 보면, 가짜 뉴스가 6배나 빨리 퍼져 나간다고 한다. 거짓 정보가 회사의 이익을 더 많이 창출하므로 제재받지 않은 메시지가 누구에게나 전달되고 있다는 불편한 진실을 이야기한다. "충분히 발달한 과학 기술은 마법과 구별할 수 없다"라고 말한 영국의 SF 소설가 아서 클라크의 명언과 "상품의 대가를 치르지 않으면 당신이 상품이다"라는 다큐멘터리의 메시지는 강렬하다.

인터넷 시대의 아이러니

물론 인터넷 문명이 가져다준 긍정적이고 좋은 영향도 말로 다 설명할 수 없을 만큼 많다. 코로나 시대가 되면서 공연을 하는 사람들은 인터넷을 이용한 라이브 스트리밍 공연이라는 변화된 환경을 맞이하기도 했다.

나는 모두가 알고리즘이 이끄는 탈진실의 시대에 살고 있지만 짧은 시간에 무섭게 발전한 문명을 한 번쯤 거리를 두고 생각해보자는 취지의 작품 〈그런데 사과는 왜 까먹었습니까?〉를 공연하면서, 인터넷이 없었으면 불가능했을 라이브 스트리밍 공연을 병행했다. 인터넷 세상의 문제를 이야기하면서 바로 그 문제에 기대어 공연해야 한다는 상황이 그야말로 아이러니하다고 생각했다. 가장 아날로그적인 방식으로 존재해 왔던 춤, 그리고 가장 직관적으로 느껴져야 하는 현장 예술로서의 고유성이 있는 공연이 스트리밍이라는 플랫폼을 통해 스마트폰으로 보게 될 관객과 마주하게 된 것이었다.

라이브로 해외에 있는 관객과 만날 수 있었던 것도 새로운 경험이었다. 관객층의 저변 확대라는 긍정적인 생각으로 임하면서, 국내외 관객의 실시간 댓글을 모니터링해준 스태프의 도움으로 그들의 참신한 피드백도 들을 수 있었다. 처음에는 화려하고 짧은 영상에 익숙한 사람들이 집중력을 요하는 한 시간짜리 공연을 볼 수 있을까 하는 의구심도 있었지만, 극장을 찾아오는 관객들 외에 다른 플랫폼으로 영상을 즐기는 사람들에게도 기회를 주는 효과가 있는 듯했다. 국내뿐 아니라 전 세계에서 공연에 관심 있는 사람들이 공연을 어떻게 감상했는지를 실시간으로 지켜보는 것은 또 다른 경험이었고 소통의 장이었다.

〈그런데 사과는 왜 까먹었습니까?〉는 인류 역사에서 '애플'로 상징되는 사건, 즉 아담과 이브의 선악과, 뉴턴의 사과, 현대사회의 사과(아이폰을 제작하는 미국 기업 애플)을 소재로 사과를 베어 문 인류의 욕망과 행복을 되짚어보려는 작품이었다. 아담과 이브가 사과를 베어 물어 인류의 운명이 바뀐 것처럼, 현대의 인간들도 다시금 손 안의 스마트폰, 달콤한 사과를 베어 물었다. 그리고 그에 대한 형벌은 이미 시작된 듯하다.

그러나 우리는 이미 사과의 달콤함에 빠져 벗어날 수 없게 되었다. 선악과를 베어 먹은 형벌로 낙원을 잃고 세상으로 쫓겨난 아담과 이브의 후예인 우리는 과학을 찾았지만, 아이러니하게도 과학이 발전할수록 인간은 신에게서 멀어진다. 신은 인간의 생명을 연장해줄 수도 없고 현실의 삶을 나아지게 하지도 못한다. 인간들은 점점 눈에 보이고 증명되는 것만을 믿게 된다. 또한 우리는 산업혁명과는 비교도 할 수 없는 엄청난 4차 산업 혁명의 시대에 살고 있다. 현대인들은 손바닥 안에 스마트폰을 들고 다니며 인터넷 세상 속에서 알고리즘의 지배를 받는 형벌에 처해진 것이다.

인간은 새로운 힘을 얻는 데는 극단적으로 유능하지만 이 같은 문명의 힘을 더 큰 행복으로 전환하는 데는 매우 미숙하다. 우리가 전보다 훨씬 더 큰 힘을 지녔는데도 더 행복해지지 않은 이유가 여기에 있는 듯하다. 인류 역사상 문명이 가장 짧은 시간에 마법처럼 발전한 세상 속에서, 우리의 정신은 그 속도를 따라가지 못하고 있다.

우리는 너무나 쉽게 글로벌 세상과 연결되어 소통하고 있지만 정작 가장 소중한 자신, 가족, 국가, 본연의 정체성을 잃어가고 있는지도 모른다. 온 세상과 소통하고 있는 이 시대에 과연 진짜 자신과 소통하고 있는지, 그리고 그런 상황에서 진정한 의미의 자기다운 행복의 의미는 무엇인지 생각해보아야 한다.

작품 속에는 댄서들이 각자 진솔하게 행복했던 순간들을 떠올리며 솔로를 추는 중요한 장면이 있었는데, 우리는 함께 각자의 이야기를 들어주고 공감하며 마지막까지 발전시켜 나갔다. 댄서들의 소소한 이야기를 들으며 행복은 어떤 '무엇'이 아니라 감정의 경험이란 걸 알게 되었다. 이를 계기로 안무가로서 나의 행복한 순간들 또는 내가 좋아하는 순간들을 떠올려보았다.

나에게 행복을 떠올리게 하는 순간들은 이렇다.

- 매일 보던 사물들이 집 안 가득 스며드는 오후의 햇살을 받아 달리 보일 때
- 새로운 생각이 열리게 해주는 인문학, 철학책을 읽으며 가슴에 와닿는 문장에 밑줄 그을 때
- 그리고 현실에서 그 문장들이 떠오르며 내가 대처하는 자세가 조금은 성숙해졌다고 느낄 때, 책 속에서 배운 것들이 현실과 연결되어 있을 때
- 어쩌다 길을 잘못 들어 낯선 거리를 하염없이 걷고 있을 때
- 작품의 소재나 주제가 될 만한 영감 충만한 이미지나 문구를 찾았을 때
- 먼 길을 혼자 운전하고 가다가 라디오에서 뜻하지 않은 옛날 노래를 듣고 그 노래로 인하여 옛 추억이 되살아날 때
- 또는 처음 듣는 음악인데 무슨 노래인지 궁금할 만큼 좋은 새로운 음악을 만날 때
- 여행 갈 준비를 하면서 짐을 최소화하기 위해 옷들을 입어보고, 평소에 꺼리던 옷들을 과감하게 시도할 때

- 갑자기 서랍과 옷장을 정리해 버릴 것들을 분류해서 버리거나 지인들에게 나눠줄 때, 입던 옷이지만 친구가 만족하는 모습을 볼 때

- 어린 시절 친구와 통화하다가 갑자기 둘 다 기분에 취해 옛날이야기를 들추며 울다가 웃을 때

- 엄마랑 자유롭게 발 닿는 대로 걷다가 들른 식당에서 은근히 입맛이 까다로운 엄마가 맛있게 식사하는 모습을 볼 때

- 멀리서 오랜 친구가 찾아와 늦어져서 자고 갈 때, 밤이 늦도록 은밀한 수다를 떨 때

- 내가 존경하고 좋아하는 젊은 친구들과 만나 수다를 떨 때(단, 듣기보다 내가 말을 많이 하게 되는 경향이 있어 조심해야 한다. 그들이 내 말을 경청해주고 재미있어한다고 착각에 빠질 때가 있으니 주의해야 한다.)

- 정말 마음에 드는 사진을 인스타그램에 올릴 때(내 마음에 드는 사진은 대부분 아주 적은 수의 '좋아요'를 받음에도 불구하고)

- 친구와 논쟁이 붙어 소통 불능의 지경에 가는 듯하다가 시간이 지나서 그 중간 지점이 보일 때, 또는 진심으로 다름의 가치를 인정하게 될 때, 또는 친구가 맞았다고 뒤늦게 느끼고 그것을 말해줄 때

- 내가 하는 일이나 아이디어에 공감해주다가 갑자기 삼천포로 빠져서 반기를 들거나 4차원적인 말을 하는 지예(함께 작업했던 내 작품의 댄서)랑 생각이 통할 때

- 내가 좋아하는 사람들 특유의 행동을 가만히 바라볼 때

- 어둠을 뚫고 나온 긍정의 힘을 가지고 있는 사람을 마주할 때

- 영화나 공연을 보면서 마음에 안 들면 내 마음대로 머릿속에서 작품을 바꾸고, 안무를 하는 공상을 할 때

- 운전하다가 길을 잘못 들어 이리저리 헤매다가 예상치 못한 풍경을 마주할 때

- 힘든 하루를 보내고 한 번 보고 나면 기억도 못할 로맨틱 코미디 영화 한 편을 볼 때

- 여행 중이거나 길을 걷다가 마주한 성당이나 교회에 들어가 초 하나를 켜놓고 고인이 된 아빠와 동생을 위해 기도할 때

- 평소에 기품 있어 보이는 파트너가 갑자기 모자라는 바보 연기를 할 때, 문득 연기가 아니고 그 사람 안의 진짜 바보가 묻어 나와 보일 때

- 연기가 아니라 진짜 네가 보인다고 하면 더 좋아하는 파트너의 반응을 볼 때

- 아주 드물지만 인간적인 매력이 있어 궁금증을 자아내는 타인을 만날 때
- 공항 또는 기차역에서 친구를 기다릴 때
- 서로 다른 카페 취향 때문에 논쟁하다가 내가 좋아하는 카페로 가기로 하고 그곳에서 별로 영양가 없고 실없는 농담을 하면서 떠들고 웃을 때
- 그러다가 나는 그다지 관심도 없는 세상 정세 이야기를 하면 들어주는 척하다가 진심으로 동요될 때
- 나도 모르던 내 약점을 들키면 아니라고 우기다가 나중에 진심으로 인정하게 될 때
- 아들과 통화하고 전화를 끊으려는 순간, 진심을 다해 엄마는 요즘 무슨 생각을 하고 사는지 다시 물어올 때
- 1960, 1970년대 영화를 보면서 와인이나 커피를 마시며 그 분위기에 젖어 특별하게 실내에서 담배를 피울 수 있도록 스스로 허락할 때
- 상대에게는 그다지 별것도 아닌 일인 걸 알면서도 나에게 좋은 일이 있으면 마음껏 자랑할 수 있을 때, 별일 아닌 걸 알면서도 함께 기뻐하며 들어주는 친구를 볼 때
- 누군가의 일차원적인 칭찬에 별로 기쁘지 않고

누군가의 지적에 관해 별로 신경이 쓰이지 않을 때, 그래서 나이가 드는 만큼 정신도 조금은 성숙해지고 있다는 게 느껴질 때

- 오랜만에 만난 친구나 지인의 인생에 큰 변화가 생겨서 삶이 달라졌을 때(대부분의 사람이 변함없이 똑같은 문제를 곱씹으며 같은 자리에서 살고 있기 때문에)
- 아무도 나를 모르고 나도 아는 사람 한 명도 없는 완전히 낯선 어딘가에 가서 하루에 몇 시간은 새로운 언어를 배우고, 몇 시간은 카페 서빙 같은 단순한 일을 하고 남는 시간은 글을 쓰고 책을 읽으며 1년만 살아보면 어떨까 하는 공상을 할 때
- 다음 생이 있다면 영화감독이 되고 싶다는 꿈을 꿀 때
- 너무 좋은 작품을 보면서 아, 저런 작품을 남기고 죽을 수만 있다면 하고 상상할 때, 또는 좋은 작품을 보고 진심에서 우러나오는 박수를 칠 때

어떻게 보면 글로벌한 인터넷 소통이 없이도, 평범한 일상과 기억 속에 스쳐 지나기 쉬운 하루하루의 행복이 있는 것은 아닐까 생각해본다. 모두가 자기다울 수 있고, 또 행복을 느낄 수 있는 요소들을 일상 곳

곳에 심어놓고 자주 조우할 수 있으면 그것이 행복이
아닐까 싶다.

　우리는 삶의 일부라고 생각하는 소소한 것들이
사실은 훨씬 크고 고귀한 의미가 있다는 것을 기억해
야 한다. 그것들은 우리의 삶을 구해주기 위해 존재한
다. 이상하게 들리겠지만 난 그게 진실이란 걸 알고
있다.

©옥상훈

〈그런데 사과는 왜 까먹었습니까?〉

예술에 부여되는 상이란

누군가의 인정을 받는 것이 예술가가 일을 하는 목적
이 될 수는 없지만, 결국 예술은 누군가 봐주는 시선이
없으면 완성되지 않는다. 그래서 공연은 관객이 찾아
주지 않으면 의미가 없다. 또한 관객 외에도 제삼의 시
선으로부터 인정받는 '상'이라는 것은 기쁜 마음으로
축하해주고 축하받을 의미 있는 일이다. 그런데 그 상
을 받기까지의 과정은 생각보다 단순하지 않다.
스포츠는 눈에 보이는 명확한 결과로 상이 주어지지
만, 예술 분야라는 것은 그렇게 명확한 기록으로 보이
는 것이 아니다. 주관적인 의견들을 모아 객관화시키
는 과정을 통해 상을 주는 것이므로 어느 정도는 부조
리함을 안고 간다. 그래서인지 노벨상조차 뒷말이 나

오기도 하고 누군가는 그 상을 거절하기도 한다. 그럼에도 불구하고 우리는 상이 지닌 의미 때문에 늘 수상자에게 박수를 보내고 관심을 가진다.

상에 대한 단상들

내 인생 최초의 상은 초등학교 시절 글짓기로 받은 상이었다. 그런데 우리 집에서는 공부를 잘하는 언니가 받은 우등상만 중요한 상이었고, 내가 받은 상은 가족 사이에서 별로 회자되지 않았으며 부모님의 관심을 받지도 못했다.

성인이 된 후 독일에서 프로젝트로 지원금을 받으며 작품 활동을 하던 시절, 주정부에서 주는 퓌르데룽 프라이스Förderung Preis 무용 부문에 노미네이트되었다. 어느 날 독어로 편지를 받았는데, 뒤늦게 열어보니 무용 부문 후보에 올랐으니 관련 자료들을 보내달라는 내용이었다. 당시는 아이를 키우고 있어 현실이 용량 초과로 달리던 시절이었고, 독어도 잘 이해하지 못하는 상황이어서 어쩌다 시기를 놓쳤다. 결국 그 상은 나와는 인연이 되지 못했다.

〈닻을 내리다〉라는 작품으로는 한국문화예술위원회 선정 '올해의 예술상'을 받았다. 작품을 하면서 온전히 나에게 상금이 나왔던 최초의 상이어서, 솔직히 그 상금이란 것에 의미를 느낄 만큼 진심으로 기뻤다. 공연하거나, 학교 강의를 나가거나, 해외연수를 받는 동안 말도 안 통하는 나라 독일까지 오셔서 손주를 키워주신 엄마를 상금으로 여행시켜 드릴 수 있었기에, 그때는 참 일차원적인 이유로 기쁨이 컸던 것 같다.

그다음에는 예술의전당이 지원·제작한 〈베케트의 방〉으로 무용월간지 『몸』지에서 주는 '무용예술상 작품상'을 받았다. 정말 기나긴 시간 올인하며 연구하고 미친 듯이 집중했던 작품이었기에 진심으로 기쁜 상이었다. 상을 주신 분들에게 감사하면서도, 스스로도 어느 정도는 당당하게 받을 수 있다고 아주 잠깐 생각했던 것 같다.

2018년에는 〈인터뷰Inter-View〉로 한국춤비평가협회에서 '춤비평상 작품상'을 받았는데, 그것은 또 다른 의미가 있었다. 당시에는 지원금 프로그램에서 계속 떨어졌고, 누군가는 그럴 나이가 됐다고도 했다. 물론 지원금을 받지 못했을 때 '왜 내가 아니고 그 사람일까?'라는 생각을 해본 적은 없었다. 그동안 내가 선정되었을 때, 누군가는 열심히 준비했지만 지원금에서 배제되었을 것이다. 그러니 과연 누가 떨어지고 받아야 한다고 단정 지을 수 있을까 싶었다.

아무튼 그렇게 지원금은 다 떨어지고 하지 말라

는 사인들이 나를 압박하던 현실에서, 나는 아무 지원 없이 한 시간짜리 솔로를 했다. 물론 그 과정은 만만치 않았다. 지원금이 없으면 나는 아무것도 아닌 것이 아니라는 생각으로, 내가 이미 준비하고 있었던 솔로는 꼭 해야 한다는 운명적인 사명감으로 묵묵히 공연을 했다. 정말 고독하게 작업했고 나 자신과의 싸움과 타협을 오가면서 만든 작품이었다. 그러다가 전혀 예상치도, 기대하지도 않게 찾아온 그 상은 큰 의미가 있었다. 상은 누군가로부터 인정을 받는 것이지만, 한편으로는 내가 자신에게 부여하는 의미도 있었던 것이다.

그리고 얼마 후 나는 전문무용수지원센터에서 주는 '2021년을 빛낸 안무가상'을 받게 되었다는 연락을 받았다. 물론 나를 아끼는 분들의 추천과 지원이 있었을 것이다. 무대라는 세상에 계속 도전할 수 있도록 용기를 준 상이라고 생각하며 감사했다. 그리고 끝까지 소통의 끈을 놓지 않고 한마음으로 함께 해준 댄서들과 모든 스태프들, 지속적인 관심을 주신 분들에게도 감사했다. 한병철의 『리추얼의 종말』에서는 타인의 시선에는 치유의 힘이 있다고 말한다. 그런 의미에서 상이라는 시선에 감사한다.

그러니까 내가 받은 모든 상은 나에게 특별한 의미를 주었다.

지원금이란 또 다른 상을 생각하며

나는 독일에서 몇 년 동안 지속적으로 지원금을 받아 작업했다. 그때마다 주변의 예술가들로부터 부러움의 소리를 들었지만, 작품을 준비하는 데 바빴기에 그다지 신경 쓸 겨를 없이 작업에 몰두했다. 그런데 나를 부러워하던 이들 중에 나에게 어떤 깨달음을 준 한 사람이 있었다.

나는 오래전부터 중심은 무겁게 땅을 향하면서도 깃털처럼 가벼운 그의 춤 속에 담긴 미학에 감탄했다. 적어도 나의 눈에는 그의 예술적 재능은 노력하지 않아도 될 만큼 충분히 타고난 듯 느껴질 정도로 경이로웠다. 그리고 그는 내가 다니던 EDDC^{European Dance Development Center}에 강사로 오게 되었다. 나는 오디션을 보고 뽑혀서 드디어 그의 작업에 댄서로 함께하게 되었다. 베를린으로 가서 연습하고 공연을 해야 하는 일정이었기에 설레는 마음으로 그 시간을 기다리고 있을 즈음, 내 인생에 가장 큰 충격과 슬픔을 준 동생의 교통사고와 죽음으로 급하게 한국으로 가게 되었다. 그때만큼은 그냥 아무것도 할 수 없는 블랙아웃의 시간이었다. 어찌어찌 그와 함께하기로 했던 프로젝트를 취소했다.

그 후로 꽤 시간이 지나고, 노르트라인베스트팔

렌 주정부와 뒤셀도르프시 예술진흥원에서 지원금을 받아 공연을 올리느라 한창 바쁘던 중 그에게서 연락이 왔다. 자기는 뒤셀도르프에서 매번 지원금 신청에 떨어져 베를린으로 갔는데, 베를린에서도 쉽지 않다고 했다. 너는 어떻게 그렇게 지원을 잘 받느냐고 축하한다는 말에서 진심으로 부러워하는 마음을 느낄 수 있었다. 그 말에 별로 할 말이 없어 얼버무렸는데, 이유 없이 미안한 마음까지 들었다.

그는 지금 다행히도 베를린에서 자신의 재능을 펼치며 다방면으로 왕성하게 활동하고 있다. 내가 보기엔 너무 재능 있는 어떤 사람이 지원 사업에 계속 떨어지는 것을 보면서, 누군가에게 인정받고 지원받는 일에는 그 예술가의 실제 능력 외에도 다른 많은 변수가 작용한다는 부조리를 다시 한번 인식하게 되었다.

어느 날 자신과 주변 사람들을 보면서 깨달은 것이 있다. 자신이 조금 이익을 보는 듯하면 정당한 사회 같고, 자신이 손해를 보면 온갖 이유로 부당한 사회처럼 보인다는 것이다. 내가 받으면 정당하고 내가 못 받으면 비리가 있다고 생각하는 것이 인간의 심리인 것 같다. 더 나아가자면 우리는 정의로운 것조차 저도 모르게 자신을 중심으로 판단하기 십상이라는 것이다. 그럴 때 나는 옛 기억을 되살리며 자신을 반추한다.

노벨상을 거절한 역대 작가들

수상 자체로 일생의 업적을 인정받는 노벨상을 다양한
이유로 거절한 사람들이 있다. 노벨문학상 수상자로
선정되었는데 거부한 이들로는 러시아의 시인이며 작
가인 보리스 파스테르나크와 프랑스의 작가이자 사상
가인 장폴 사르트르가 있고, 노벨평화상을 거절한 레 둑
토가 있다. 그 외에 1938~1939년에는 독일 과학자 세
명이 히틀러의 지시로 노벨물리학상 수상을 거부했다.

　보리스 파스테르나크가 활동했던 시기는 러시아
혁명을 거치면서 사회가 급박하게 변화하는 상황이었
다. 시인인 그는 당시 러시아의 사회상을 작품에 반영
해 소련작가동맹의 따가운 눈초리를 받았다. 그런 와
중에 스탈린이 죽고, 그는 창작 의욕을 되살려 유일한
장편소설인『닥터 지바고』를 썼지만 소련작가동맹으
로부터 정부를 비방했다는 비판을 받게 된다. 당시 상
황으로 보아 그는 엄한 처벌을 받을 처지였다. 그런
데 1957년에『닥터 지바고』원고가 해외로 몰래 반출
되어 이탈리아 밀라노에서 처음 출판되었고, 이듬해
인 1958년 스웨덴 한림원은 그를 노벨문학상 수상자
로 결정했다. 그러나 소련 정부의 압력과 소련작가동
맹의 비판에 결국 파스테르나크는 수상을 거부하고 만
다. 노벨상 역사상 최초의 수상 거부 사건이었다. 이후

에 그는 더 이상 장편소설을 쓰지 못했다.

그리고 실존주의 작가 장폴 사르트르가 있다. 사르트르의 수상 거절은 당시 노벨상 심사위원회의 노여움을 샀다. 그 이유로 이후 20년 동안 프랑스 작가에게는 노벨문학상을 주지 않았다고 한다. 1964년 『말』을 출간해 노벨문학상 수상자로 선정되었으나 수상을 거부한 이유는 심사위원회의 평가 기준을 인정할 수 없다는 것이었다. 문학적 우수성을 놓고 등급을 매기는 것도 잘못이며, 그러한 방식은 부르주아 사회의 습성이라는 이유에서였다. 인간은 하나의 실존적 존재로 모든 실존은 본질에 앞서며, 실존은 바로 주체성이라는 주장을 했던 그로서는 당연한 선택이었을지도 모른다.

사르트르는 이미 1945년에도 레지옹 도뇌르 훈장을 거절한 적이 있었다. 노벨문학상 수상 소식을 듣고 달려온 기자들로부터 수상자로 선정되었다는 사실을 길거리에서 전해 듣고는 즉석에서 인터뷰를 했고, 바로 그 자리에서 수상 거부 이유를 설명했다. 이는 곧바로 전 세계에 톱뉴스로 전파되었다. 당시 빗속에서의 인터뷰 사진도 역사적 장면의 하나로 전해진다. 그러나 이 같은 개인적 삶의 모습과 상관없이, 제2차 세계대전 이후 서유럽 실존주의에 있어서 사르트르의 이름은 영원히 잊히지 않았고 지금까지도 최고의 지성인으로 추앙받고 있다.

그리고 1973년 노벨평화상을 거절한 베트남의 정치가 레 둑 토가 있다. 그는 전쟁을 일으킨 헨리 키신저 전 미국 국무장관과 공동 수상자로 노벨평화상이 결정되자 수상을 거절했다. 그는 베트남전 당시 파리에서 헨리 키신저를 상대로 여러 해 동안 외교적 노력을 기울여 휴전을 이끌어냈다. 그 공로를 인정받아 노벨평화상 수상자로 지명되었지만 그는 베트남에 아직 평화가 오지 않았다는 이유로 수상을 거부한다. 동시에 서방 세계에서는 공산주의자에게 노벨평화상을 주었다는 이유로 논란이 일기도 했다.

"상이라는 것은 자신의 가치를 판단하도록 제삼자에게 권력을 주는 것일 수도 있으며 그런 부조리한 시스템에 항복하는 것"이라던 나의 독일 파트너의 냉소 섞인 말이 떠오른다.

예술가를 판단하고 우위를 가리는 상에 대한 정의는 솔직히 잘 모르겠다. 그런데 이 세상에 명쾌하게 정의할 수 있는 것들이 과연 얼마나 될까? 가끔은 너무나 명확해야 하고 결과가 명확해지는 것들이 현기증을 일으키게도 한다.

끝으로 미국의 생물학자 에드워드 윌슨의 말로 자신들의 영혼을 바쳐 작업하는 모든 예술가들을 응원해본다.

"과학의 세계는 우주에서 가능한 모든 것이다.

예술의 세계는 인간의 마음이 상상할 수 있는 모든 것
이다."

〈닻을 내리다〉

스승의 작고를 애도하며

이 세상에 너무나 명확한 진실이 하나 있다면 바로 '누구나 죽는다'일 것이다. 그럼에도 우리에게는 어떤 죽음도 익숙하지 않다. 할 일을 멋지게 하고 살 만큼 살다 가는 사람들의 죽음도, 그리고 너무 말도 안 되게 젊은 나이에 가는 사람들의 죽음도.

죽음은 늘 뜻밖의 충격적인 사건이다. 자신도 언젠가는 가야 할 길이라는 걸 알지만, 지인들의 죽음은 무어라 형용할 수 없는 슬픔으로 한동안 가슴속을 휘젓는다. 떠나는 사람들은 예고 없이 그 순간을 맞이하고, 남은 사람들은 그저 받아들이는 시간이 걸릴 뿐이다. 그리고 죽음을 목도하고 사유해도 일상은 좀처럼 바뀌지 않는다.

육완순 선생님과의 추억을 떠올리며

지난 2021년 7월 23일 작고하신 육완순 선생님의 부고를 듣고, 돌아가시기 한 달 전쯤 "사랑하는 윤정"이라고 다정하게 불러주시던 선생님과의 카카오톡 메시지를 열어보았다. 그리고 오래전 프랑스 아비뇽 축제에서 선생님과 함께 호텔방을 쓰며 공연을 보고, 아비뇽의 거리에서 햇살을 받으며 로제 와인을 마시던 따스한 기억들이 떠올랐다. 아마도 연습실이나 극장에서 뵙는 것하고는 다른 공간과 시간 속에서 선생님을 가까이 보며 조우하던 추억이어서일 것이다.

잠이 많은 편은 아님에도 불구하고 아침에 호텔방에서 눈을 뜨면, 선생님께서는 이미 화장과 머리까지 다 하시고 나갈 채비를 하고 계셔서 나는 늘 서둘러 준비해야 했다. 겸연쩍어 "선생님은 아침잠이 없으시죠?" 했더니, 돌아오는 선생님의 답변은 너무나 예상 밖이었다.

"나는 원래 아침잠이 많은 사람이란다. 평생을 매일 그 아침잠과 싸워 이기기 위한 노력으로 아침을 열지."

하긴, 그 옛날 대학원 시절 아침 첫 레슨 시간이 7시여서 새벽 라디오 방송을 들으며 학교로 가던 길이 기억난다.

언젠가 선생님께서 오랜 공백을 깨고 공연을 하신다는 연락이 왔다. 작품으로 많이 고민하시던 중에, 유럽 무용의 흐름이 어떤 것 같으냐며 당시의 시류에 관해 진지하게 물어오셨다. 그때 선생님께는 마사 그레이엄 테크닉[7]의 진수를 보여주었던 〈슈퍼스타 지저스 크라이스트〉가 있었듯이, 요즘 트렌드보다는 가장 선생님답게 보일 수 있는 작품을 하시는 게 제일 멋질 거라는 주제넘은 조언을 드리기도 했다. 오히려 선생님의 형식을 더욱 형식화해서 주제를 표현하는 것이 더 컨템퍼러리할 거라고 말이다.

선생님께서 돌아가신 그해 초, 공연 준비를 위해 선생님의 무용원에서 연습을 했다. 선생님은 가끔 사무실을 오가시며 연습 중인 우리를 지켜보시기도 했다. 연습 마지막 날은 맛있는 팥빵이라며 빵을 손에 쥐여주시고, 사진을 찍자고도 하셨다. 그리고 언제나처럼 공연장을 찾아주시고 응원을 보내주셨다. 재공연 연습을 위해 다시 찾은 육완순 무용원은 선생님의 부재 속에서도 선생님의 사진과 소품들이 그대로 있었다. 가끔씩 유리문 밖에서 연습실 안을 지켜보시던 선생님이 여전히 계시는 것만 같았다.

하찮은 사물들은 그대로 그 자리에 있는데, 만물의 영장이라는 인간은 사라진다. 나는 늘 가까운 사람들이 죽음 뒤에 남긴 유품들 앞에서 그런 생각을 했다.

과연 인간은 만물의 영장이 맞는 것인가?

나의 멘토이셨던 아트 선생님을 떠나보내며

그렇게 선생님의 빈자리가 아직도 익숙하지 않다고 여기고 있는데, 유럽 유학 시절부터 멘토이며 스승이셨던 아트 하우헤 선생님이 10월 5일 세상을 떠나셨다는 연락을 받았다.

"아트 하우헤는 10월 5일 러시아 첼랴빈스크에서 갑자기 나타난 병으로 세상을 떠났다. 그의 실험적이고 혁신적인 정신의 열정과 춤에 대한 지원은 전 세계 수많은 무용 예술가와 교육자들에게 새로운 길을 열어주었다. 아트의 혁신적인 예술 교육 철학은 끊임없이 수정되고 발전하였고, 그의 학교를 졸업한 수많은 학생에 의해 전 세계로 퍼져 나갔다. 우리는 그의 경이로운 업적에 감사하며 애도하는 마음으로 작별 인사를 한다. 또한 그의 파트너 올가 포나와 딸 주나 하우헤에게 심심한 조의를 표한다."

공연 막바지 준비로 한창 바쁘던 중에 이러한 부

고를 받았는데, 순간 눈물이 왈칵 쏟아져서 어찌할 바를 모르다 겨우 마음을 진정시켰다.

그동안은 선생님과 이메일이나 문자 메시지로 이야기를 나누다가, 한국에 오기 한 달 전쯤에 처음으로 영상통화를 하자고 하셔서 영상으로 이런저런 이야기를 나누었다. 선생님은 나의 작품을 스트리밍 공연으로 보시고 섬세하게 피드백도 주셨다. 꼭 다시 한번 러시아로 오라고 하면서 전화를 끊으셨는데, 그것이 선생님과 얼굴을 보고 이야기를 나눈 마지막 순간이 될 것이라고 어찌 상상이나 했을까? 고인들과의 마지막 순간은 늘 그랬다. 마지막일 것이라고는 전혀 상상조차 하지 못한 채, 그 순간을 어설프게 만나고 헤어졌다.

아트 하우헤 선생님은 1989년 네덜란드 암스테르담에 CNDOCenter for New Dance Development를 설립했다. 그 후 CNDO를 아른험으로 옮겨 EDDC를 설립하면서 뒤셀도르프 탄츠하우스에도 분교를 두었고, 메리 오도널 풀커슨을 부교장으로 받아들여 함께 일했다. 흘리프스바바르스도티르가 예술 감독으로 있던 아르테즈 댄스아카데미ArtEZ Dance Academy로 합병되기까지 EDDC를 감독하셨고, 아르테즈에서 은퇴한 후에는 러시아로 건너가 러시아 현대무용의 발전을 위해 여생을 보내셨다.

아트 하우헤 선생님이 설립한 EDDC는 기존의 교육 방식을 넘어서는 혁신적인 콘셉트의 커리큘럼과 제도주의의 한계를 넘어서는 학교 운영 방식으로 당시 유럽에서 가장 실험적인 학교였다. 뿐만 아니라 현장에서 활발하게 활동하는 안무가들과 학생들의 탐구와 실험의 장이 되기도 했다. 학교에서 정한 커리큘럼에 학생들을 맞추기보다는 다양한 예술가들이 현장에서 느끼는 관심사를 탐구하고 틀에 얽매이지 않는 방식으로 자유롭게 활동하도록 했다.

학교는 24시간 연중무휴로 열려 있었다. 스튜디오와 녹음실, 복도, 학교 야외 공간과 실내 공간 그리고 학교 극장도 예술가들과 학생들이 자유롭게 사용할 수 있게 했다. 학교 벽보에 수업 중 했던 장면이나 개인적으로 작업하던 것들을 언제 어디서 한다는 공지만 붙여놓으면 그 시간에 모두 공연을 봐주고 함께 피드백을 나누었다. 학교 극장에서도 수시로 학생들의 공연이 이루어졌는데, 외부인도 자유롭게 와서 볼 수 있었고 그날 저녁에는 학교 카페에서도 간단한 저녁과 음료를 팔아서 학교는 그 자체로 문화의 공간이 되었다. 언젠가 학교 화장실에서 공연했던 학생의 작품이 떠오른다. 제한된 관객들이 돌아가면서 그 틈을 비집고 들어가 봐야 했었던 화장실 공연.

주말에는 아른험 예술대학 학생들과의 교류도 적극적으로 권장되어, 음대에서 온 다양한 장르의 연주가들이 참여하는 2박 3일간의 릴레이식 즉흥 잼이 이루어지기도 했다. 그리고 세계 각지에 흩어져 활동하는 졸업생들을 불러 모아 공연하는 페스티벌도 매년 열렸다. 이 모든 것들이 아트 선생님의 주관하에 이루어졌던 것이다.

아트 선생님의 첫인상

유학 시절 기억을 더듬어보면, 처음 EDDC에 들어갔을 때 적응하기까지 시간이 꽤 걸렸다. 학교 시스템도 너무 낯설었고, 동양인 학생은 내가 처음이어서 조금 부담스러운 관심을 받기도 했다. 학기가 시작되도록 집을 구하지 못해 미국에서 온 학생 몇몇과 학교 스튜디오에서 여러 날을 지내야 했고, 세계 각지에서 모인 학생들의 개성 강한 모습들에 압도되기도 했다.

요즘은 너무나 대중화되어 있지만, 당시 내게 펠덴크라이스[8], 필라테스, 몸 인지법, 움직임 구성법, 접촉 즉흥, 알렉산더 테크닉[9], 릴리즈 테크닉[10], 아나토미 릴리즈 테크닉 같은 훈련법은 거의 처음 접해보는 것들이었다. 그리고 음악 수업은 녹음실과 편집실에서, 조명 수업은 극장에서 일대일 수업까지 해야 하는 상황이었다.

그렇게 낯선 환경에서 아트 선생님의 첫인상은

그다지 특별하지 않았다. 학교에 적응하는 반년 동안 보아 온 선생님은 늘 학교에 제일 먼저 나와서 학교 주변을 정리하는 분 정도였다. 학생들의 공연이 끊이지 않던 학교 극장에서도 늘 한구석 자리에 앉거나 극장 주변을 정리하곤 했다. 그런 모습에서 그를 성실한 학교 수위 아저씨 정도로만 알았다. 그런데 어느 날은 학교 사무실에서 일을 보기도 하고 수업을 참관하기도 하는 것이었다.

그런 사람이 이 학교를 설립하신 분이란 걸 알게 되었을 때 적잖이 놀랐다. 학교 카탈로그에도 수업을 맡은 선생님들 위주의 사진이 걸려 있었고, 아트 하우헤라는 이름의 교장과 늘 조용하게 학교 주변을 정리하고 다니는 인물을 동일화시키는 데는 시간이 걸렸던 것이다.

그러던 중 외부에서 온 안무가가 연 커리큘럼의 오디션에 뽑혀 투어를 가게 되어, 이탈리아 피렌체에 가서 석 달간 머물며 작업을 했다. 연습이 끝나고 이탈리아, 영국, 독일, 네덜란드로 순회공연을 가는데 아트 선생님이 동행하게 되면서 우리는 조금 더 친밀해질 수 있었다.

학교를 졸업한 후에는 뒤셀도르프의 탄츠하우스에서 첫 안무 작업을 끝냈는데, 반응이 꽤 좋아서 두 번째 작품부터는 정식으로 주정부에 지원금을 신청하기로 했다. 그때 아트 선생님과 탄츠하우스 극장장 베르트람 뮐러의 전폭적인 도움을 받게 되었다. 선생님은 나의 이야기를 듣고 공연 콘셉트를 써주셨는데, 내 영어 실력으로 지원서를 내는 건 무리였기 때문이다. 아트 선생님의 집 거실, 빽빽하게 쌓인 책더미 속에서 우리는 작품 이야기를 나눴고 선생님은 집중해서 나의 의도를 들어주고 글을 써주셨다.

그 시기는 아트 선생님이 자신의 콘셉트는 이미 낡은 것이 되었다며 과감하게 학교를 떠나려던 시점이기도 했다. 예술가들이 형식을 배우기 이전에 스스로 형식을 찾아내고 만들어가도록 하는 콘셉트의 학교를 만들었지만, 이미 그 자체가 또 다른 정형을 만들게 되었다는 이유에서였다. 그러면서 학교는 아르테즈 댄스 아카데미로 통합되었다.

학교가 통합된 후 그곳에서 강의를 하게 되었는데, 당시의 정교수 월급보다 높은 강사료에 너무 놀랐던 기억이 있다. 프리랜서 강사는 그 시기에 다른 일을 못 하고 강의를 준비해야 하기 때문에 수업 시간 외에 준비하는 시간도 고려한 보수라고 했다. 강사로 온 예술가들이 학교에서 강의할 때는 다른 일을 하지 않고 학생들에게 온전히 집중할 수 있도록 하기 위한 정책이었던 것이다. 물론 아트 선생님의 꾸준한 설득과 노력으로 자리를 잡게 된 정책이었다.

선생님은 학교를 퇴직하신 후 그의 제자 중 한 명인 사샤 발츠로부터 러브 콜을 받았지만, 당시 독일에서 전폭적인 지원을 받으며 활동하던 그녀는 자기가 없어도 뻗어나갈 수 있는 사람이라며 자신은 자신의 능력을 더 필요로 하는 사람 곁에 있겠다고 제안을 고사하셨다. 그렇게 해서 선생님은 내 곁에서 거의 무보수로 몇 년간 일을 봐주셨다. 그리고 러시아 안무가 올가 포나와 사랑에 빠졌고, 평생 하고 싶은 일을 했으니 남은 인생은 한 여자를 위해 헌신하는 사랑을 택하겠다며 러시아로 떠나셨다. 러시아에서 올가 포나 무용단을 위해 헌신하면서도 간간이 뒤셀도르프에서 열리는 탄츠 메세Tanz Messe[11]의 콘텐츠도 만들고 웹사이트를 맡아 일을 하기도 했다.

물론 아트 선생님과 늘 의견이 투합한 건 아니었다. 같은 공연을 보고도 의견은 가끔 엇갈리곤 했다. 우리는 서로 다른 의견을 서슴없이 말할 수 있었고, 그런 부분을 토론하기를 즐겼다. 나와 다른 의견은 나에게 보이지 않게 영향을 미치기도 하고 또 생각의 폭을 넓혀주기도 했다. 한국이 2002년 월드컵에서 처음으로 4강에 진출하던 때, 어린 아들 유진이를 데리고 응원하러 간다고 하니 선생님은 아이에게 애국심을 키워주기보다는 자기 문화를 사랑하도록 가르치라고 하셨다. 애국이라는 이름으로 얼마나 많은 젊은이들이 죽었는지 아느냐면서 말이다. 당시에는 축구 경기 하나 보러 가는데 너무 거창한 말씀을 하는 것 같았지만, 사실 그 말씀은 울림 있는 이야기였다.

지나온 시간들을 떠올리니 아트 선생님과 함께했던 추억들이 끝이 없다. 러시아의 영하 30도 추위 속에서 객원 댄서로 출연했던, 아트 하우혜의 부인이 된 올가 포나의 〈기다림Waiting〉이라는 작품도 뇌리에 박혀 있다. 기나긴 겨울 동안 봄을 기다리는 사람들, 전쟁에 나간 남자들을 기다리는 사람들의 이야기를 다루며 시베리아의 삶 자체가 기다림이란 내용의 작품으로 올가는 러시아 공연 예술계 최고의 영예인 골든 마스크상을 받았다. 무용가들의 언저리에서 헌신적으로 묵묵히 지원을 아끼지 않았던 아트 하우혜, 그의 인생 여정 속에서 한 페이지를 함께할 수 있어 감사했고 행복했다.

우리는 만남들을 과소평가하거나 사소하게 여기지만, 지나고 나서야 그 아름다운 가치와 소중함을 깨닫게 된다. 그리고 그 감사함을 표현하려면 이미 때늦어 있다. 매 순간 하고 싶은 말과 감정을 표현하고 살아야 한다. 내일, 아니 한 시간 뒤, 10분 뒤에 어떤 일이 일어날지 우리는 모르기 때문이다.

인생의 주연과 조연 그리고 엑스트라

나는 매년 12월 31일 밤에 쾰른 대성당의 종소리를 들으며 새해를 맞는다. 동방박사 3인의 유골함을 안치하기 위해 13세기에 짓기 시작하여 19세기에 완성된 중세 고딕 건축물인 쾰른 대성당은 중세 시대에 만들어진 네 개의 종을 포함해서 열한 개의 종이 있다. 세계에서 가장 큰 진자운동을 하는 엄청난 무게의 오래된 종들을 보호하기 위하여 쾰른 대성당은 1년에 딱한 번 제야에만 이 종들을 울린다. 아득한 시간들이 살아나는 것 같은 신비하고도 웅장한 종소리를 듣고 있노라면 세상에 함몰되어 가는 내 몸과 정신이 일깨워지는 듯해서 그 종소리를 들으며 새해를 맞이하는 것이 하나의 의식이 되었다.

천주교 신자는 아니지만 대성당의 미사에 참석하다 보면 오르간 연주와 성가 합창 소리, 그리고 향 내음에 빠져들어 나라는 자아를 내려놓고 성스럽고 엄숙한 분위기에 결속하게 된다. 그리고 그런 순간에는 문득 생각지 못한 과거의 추억이 떠오르기도 한다. 나는 나의 기도 속에서 아득한 학생 시절의 기억을 소환해, 그 기억 속으로 빠져들었다.

인생이라는 무대의 주연과 조연

삶은 나로부터 존재하고 나라는 일인칭 시점으로 시작되는 소설 같지만, 시기에 따라서 내가 아닌 제삼자가 주인공으로 등장하기도 한다.

그리고 그 주인공은 이미 내 인생이라는 무대에서 퇴장했거나 또는 더 이상 현세에 남아 있지 않는 경우도 있다. 그럼에도 그들은 강렬하고도 부드럽게 내 안에 남아, 잊힌 듯하다가도 언제고 불쑥 기억 속에서 존재를 내민다. 어떤 이들은 자신의 인생에서는 엄청난 스토리의 중심에 있겠지만, 내 인생에서는 별 의미 없이 잠깐 등장했다가 사라지는 엑스트라가 되기도 한다. 나라는 사람 역시 누군가의 삶에는 존재감 없이 잠깐 등장했다가 퇴장하는 그런 사람일 것이다.

찬바람이 부는 겨울날, 내 인생에 잠시 주인공으로 등장했던 옛 친구를 떠올려본다.

문학 소녀였던 내 친구

가장 감수성이 예민하던 여중 여고 시절, 단짝처럼 친했던 친구가 있었다. 그 시절만큼은 그녀가 내 인생의 주인공이었다. 정확하게 기억나지는 않지만 그녀에게 먼저 다가선 것은 나였을 것이다. 그 친구는 엄마는 앞을 못 보시고 자신은 사생아라고 했다. 어렸던 나에게 사생아라는 단어는 얼마나 낯설었던지……. 너무나 순수하고 또 아름다웠던 그 친구의 입술 사이로 나온 사생아라는 단어의 첫 기억은 강렬했다. 나는 아무런 반응을 하지 못했고 집에 와서 그 단어의 뜻을 찾아보았다. 그게 뭐냐고 직접 물을 용기가 나지 않았기도 했지만, 그러면 안 될 것 같은 예감이 들었기 때문이었다.

우리는 문학 소녀였다. 우리는 매일 방과 후 남아서 시를 쓰고 서로 바꿔 읽고는 했다. 그리고 자신이 느끼는 것들을 나누고 공유하며 함께했다. 학교 수위 아저씨의 마지막 업무는 우리에게 이제 교문을 닫아야 한다는 걸 알려주는 일이 되어버렸을 정도였다. 우리는 해가 어스름하게 지는 하굣길에서도 끊임없이 속

삭였다. 그때 그 여린 감성으로 쓴 시들은 지금은 도저히 읽을 수 없을 만큼 간지럽고 손발이 오그라들지만 당시에는 제법 진지했다. 우리는 서로의 유일한 독자였고 서로에게 인정받고 싶은 마음으로 열심히 뭔가를 썼던 것 같다.

어느 날 친구는 단편소설을 쓸 거라고 했다. 그녀는 나보다 무엇이든 늘 한발 앞섰다. 단편소설이라니, 당시 나로서는 상상도 못 할 장르였던 것이다. 친구는 먼저 나에게 쓰고자 하는 단편소설의 줄거리를 들려주었다. 갈대와 바람에 관해서 쓰고 싶다고 했다. 사람들은 변덕스럽거나 지조 없는 여자들을 갈대에 빗대어 말하지만, 갈대는 언제나 바람만을 따라다니는 가장 지조 있는 사랑을 하고 있는 것이라고 했다. 그러나 그 글은 끝내 읽어볼 수 없었다. 아주 아름다운 이야기가 될 뻔했던 갈대와 바람의 이야기는 아마도 완성되지 못했을 것이다. 그 후로 예상치 못했던 운명이 그녀를 기다리고 있었기에.

악역의 등장

인생이라는 무대 위에는 악역도 등장하는 법이다.

우리가 다니던 중학교에는 유난히 창백한 피부에

예민한 눈을 안경 속으로 굴리며 학생들을 주의 깊게 관찰하던 수학 선생님이 있었다. 그녀와 우리들의 인연은 참으로 끈질겼다. 그 선생님은 우리 둘 중에 유독 내 친구에게 관심을 기울였는데, 그 어린 나이에 혼자 자취하는 친구였기에 더 특별할 수도 있으려니 했다.

우리가 인문계 여고로 가게 되었을 때, 수학 선생님도 우리가 가는 여고로 가신다는 소식을 듣고 친구에게 전했다. 순간 얼굴이 파랗게 질린 친구가 그제야 들려주는 이야기는 너무나 충격적이었다. 수학 선생님이 혼자 사는 친구의 방을 불시에 찾아오고 친구가 집에 없을 때도 들어가서 친구의 일기를 훔쳐보고 훈육을 하는가 하면, 어느 날 다짜고짜 친구를 데리고 산부인과를 다녀오기도 했다는 것이었다.

여고에 가서도 수학 선생님의 스토킹은 집요했다. 지금 생각해보면 당시 어떻게 그 선생님이 여고로 갈수 있었는지도 모르겠다. 의지할 가족 하나 없이 어린 나이에 선생님이란 절대 권력의 비상식적 행동에 반기를 든다는 것은 상상도 할 수 없는 일이었을 것이다. 엄마라도 내 소지품을 정리해주는 것이 싫던 그 시절, 자신의 공간에 선생님이라는 타인이 불시에 들락거리며 일기장까지 훔쳐보는 일을 당했던 친구의 학교 생활이 어땠을지 상상하기조차 힘들다.

드디어 고등학교를 가게 되어 벗어나는가 했는데,

같은 학교로 전근을 한다는 수학 선생님 소식에 친구는 무너졌다. 우리는 그냥 자기만의 세상이 있던 아주 평범한 사춘기 계집아이였을 뿐이었는데……. 친구는 결국 고등학교를 얼마 다니지 못하고 가출했고, 시골의 먼 친척 집에 피신하다시피 가 있었다.

그런 어느 날, 수학 선생님이 갑자기 수업 시간에 나를 불러내어 오늘 친구를 데려오지 못하면 친구는 퇴학될 거라고 말했다. 그 친구를 위한다면 당장 앞장서라는 것이었다. 퇴학이라는 무시무시한 협박에 나는 겁먹은 얼굴로 친구가 있는 곳으로 선생님을 안내했다. 그렇게 들이닥친 선생님의 마지막 말은 단호했다. 넌 이미 퇴학됐어. 마지막으로 네 꼴이 어떤지 보러 온 거야. 당황하는 나에게 친구는 이미 체념하고 있었다는 얼굴로 응답했다. 선생님은 그 한마디를 하기 위해 나를 이용해서 그 먼 길을 다녀온 것이었다.

그 시절 아이들이 재미 삼아 서로 해보는 앙케트 질문지의 '세상에서 제일 싫은 사람'이라는 질문에 수학 선생님 이름을 적었다가 며칠 뒤 불려 가기도 했었다. 선생님은 하필이면 또 모두가 수업 중인 시간에 나를 불러내어 정적이 도는 학교 뒷마당 나무 아래 벤치에 앉혀놓고는, "나는 너를 예뻐하는데 너는 내가 왜 싫은 거니?" 하고 물었다. 악몽 같은 순간이었다. 대답을 못 하는 나에게 "네 친구를 왜 퇴학시켰느냐는 것이겠지?" 하면서 시작하는 말도 안 되는 선생님의 변명들은 내 귀에 잘 들리지 않았다.

지금 와서는 수학 선생님은 왜 그래야 했을까, 내 친구에 대한 그녀의 집착 어린 애증은 왜 그런 결론으로 치닫게 됐을까 하는 생각이 든다. 어른이 되어 다른 시각으로 보려고 노력해도 도를 넘은 그녀의 사이코패스적인 성향은 용서가 잘 되질 않는다. 그 시절은 말이 안 되는 이상한 일들이 참으로 많았다.

그런 상황에서도 공부를 꽤나 잘해 전교 상위권에 있던 친구는 그렇게 퇴학을 당하고 말았다. 시간이 흘러 대학생이 된 나는 친구를 찾아가 보았다. 친구는 의지하던 남자 친구와 시골에서 살게 되었고 아이도 낳았다. 친구는 일부러 라디오도 TV도 없이 산다고 했다. 바깥세상을 알면 견딜 수 없을 것 같아서라고 했다. 친구의 남자는 너무나 착하고 친구에게 잘해주는 따뜻한 사람이란 인상을 주어서 다행이라고 생각했다. 그런데 친구 말로는 내가 다녀가고 나면 아이 아빠가 죄책감에 술을 많이 마신다고 했다. 그는 한창 빛나던 친구가 자신 때문에 인생이 피지 못한 것을 늘 자책하곤 했다고 했다. 나는 더 이상 그 친구를 찾아가지 않기로 했다.

너는 어디에?

어느 날, 핸드폰도 없던 대학원 시절 수업이 끝나고 교정을 나오는데 정문 앞에 낯익은 사람이 보였다. 그녀는 대체 언제부터 무작정 그렇게 나를 기다리고 있었을까? 나는 너무 반갑고 놀라운 나머지 쓰러질 뻔했던 그 순간을 잊을 수가 없다. 그 친구를 도시 안에서, 그것도 나의 영역 안에서 볼 수 있다니 세상 밖으로 나온 친구가 너무나 낯설기도 했고 반가웠다. 우리는 어느 카페에 자리를 잡고 앉아 커피를 시켰다. 그런데 그녀가 던진 첫 마디는 충격적이었다. 애 아빠가 죽었어. 내 기억에 자살로 받아들여진 것은 무슨 연유였을까?

안타깝게도 그날은 우리의 마지막 만남이 되었다. 가장 감수성이 예민하던 시절, 내 인생의 주인공 같았던 그 친구는 나의 무대에 짙은 여운을 남긴 채로 퇴장했다. 인터넷도 핸드폰도 없던 시절에 유학을 떠났고, 이제는 세월이 지나 인터넷으로 그녀를 찾으려 해도 어디에도 보이질 않는다. 지금 그녀는 어느 하늘 아래서 무엇을 하며, 무엇을 생각하며 살고 있을까?

그러고 보면 나를 스쳐 가며 영감을 주었던 수많은 타인들은 지금 여기 내 앞에 없다.

우리가 살고 있는 현실은 선, 평면, 공간의 3차원에 시간의 차원을 더해 총 4차원이라고 한다. 하지만 인간은 3차원까지만 인식할 수 있기에, 시간의 차원을 이해하는 것은 어렵다. 그러나 이해하지 못한다고 해서 시간이 존재하지 않는 것은 아니다. 4차원 안에는 모든 시간의 기록이 남아 있어, 우리의 추억도 그 안에 다 머물고 있는 것이다. 책이나 영화처럼 우리가 어떤 페이지를, 어떤 장면을 펼쳐 보느냐에 따라 언제고 거기 존재하고 있는 것이다. 그들이 사라져 어느 시간, 어느 공간, 어느 세계에 있다고 해도 내가 말하고 표현하는 것 속에 그들은 웅크리고 앉아 말없이 나를 바라본다. 또는 내가 그들을 바라본다. 구분 없이, 경계 없이 그렇게 우리가 서로를 바라보는 지점이 있다. 나와 함께했던 내 인생의 주역 또는 조연들……. 나는 그들의 고독을 펼쳐놓기 위해 무대가 필요한 것일지도 모른다.

"이야기가 없다면, 어떤 결말이, 어떤 시작이 있을 수 있단 말인가? 인생은 어쩌면 우리가 그것에 대해 이야기하려고 할 때에 우리가 그것을 다루는 방법에 좌우되는 것이 아닌지도 모르겠다."[12]

그렇다면 인생이란 무엇인가

거리마다 쌓이고 치워지고 또 쌓이는 낙엽들, 12월이 코앞이지만 마지막 잎새까지 떨어뜨리기에는 아직은 미약한 바람이 부는 날들이다.

자연의 섭리가 그러하듯, 마지막 잎을 다 떨구어야 마른 가지에 눈이 쌓이고 다시 녹다가 봄바람이 불면서 새잎이 돋아날 것이다. 한 해 동안 푸르렀던 잎들은 이제 다음에 돋아날 새잎을 위해 자리를 내주어야 한다. 거리를 걸으며 발밑에 차이는 낙엽들을 보면서 문득 "그렇다면 인생이란 무엇인가?"라는 질문이 떠오른다. 어쩐지 뜬금없는 듯한 이 질문은 최근 공연 중에 던졌던 대사다. 나는 가끔 삼천포로 빠지기를 좋아하는데, 대화하다가 어떤 각론이나 토론 끝에 "그렇다면 인생이란 무엇인가?"라는 느닷없는 질문을 던지기를 좋아한다.

완전하리만큼 찬란한 빛으로 물든 채 떨어질 준비를 하고 있는 단풍을 보면서, 중년인 내 인생의 시간과 맞닿아 있구나 하는 생각에 우울해지곤 한다. 그럴 때는 "그럼에도 인생은 아름답다"라는 클리셰한 문장을 떠올리며 스스로를 위로한다. 진심으로 그렇게 느끼면서 말이다.

언젠가 연습실을 향해 걷고 있었는데, 멀리서 햇살이 따갑게 쏟아지는 길바닥에 쓰러져 울고 있는 여자가 보였다. 마치 옛날 신파영화 속의 한 장면 같았다. 그 옆을 그냥 지나가야 하는 건지, 어떻게 해야 하는 건지 당황하면서 걷고 있는데, 애써 외면하고 싶어도 그럴 수 없는 내가 아는 사람, 더구나 아주 친밀한 사람이란 걸 깨닫기까지는 아주 잠깐이었다. 너무 놀라 그녀를 부축하듯이 일으켜 세우며 자초지종을 물었다. 그녀는 방금 이별을 고하고 떠나는 남자 친구를 잡으려고 눈물 콧물로 범벅이 되어 따라가다가 그 자리에 쓰러져 울고 있었다고 했다.

다소 진정이 되고 난 후 들은 이야기는 조금은 어처구니없지만 어느 정도 공감도 갔다. 그러니까 그녀는 처음에는 길바닥에 쓰러진 채 울고 있는 상황이 약간 창피했지만, 점점 타인의 눈도 아랑곳하지 않게 되면서 자기만의 비탄의 세계를 온전하게 누리고 있었다는 것이었다. 그런데 갑자기 친밀한 침입자가 그 공기를 깨고 들어와 자신만의 슬픔에서 현실로 나오게 되었다며, 원망 아닌 원망의 소리를 했다. 밖에서는 비참해 보이기까지 하던 그 순간에 그녀는 자신만의 슬픔의 세계를 즐기고 있었던 것이다. 소멸해가는 낙엽을 보고 그 아름다움에 감탄하는 인간, 어떤 고통도 그 내면 깊숙이에서 즐길 줄 아는 인간은 참으로 희한한 동물임이 분명하다.

셀프 인터뷰

몇 년 전에 셀프 인터뷰 형식을 띤 한 시간짜리 솔로 공연 〈인터뷰〉를 한 적이 있다. 한동안 안무와 연출만 하다가, 나이 오십에 정말 무리라는 걸 알면서도 가끔은 힘에 겨운 무게를 짊어지기도 해야 한다는, 아무도 알아주지 않는 의지로 공연을 했다.

　"현대사회는 현실이 너무 드라마틱하고 빠르게 돌아가서 창작된 것들이 오히려 지루하게 느껴질 정도인데, 나는 예술이라는 이름으로 사람들을 작은 블랙박스에 가두고 대체 무엇을 해야 하는 걸까? 그럴 권리가 예술가들에게 있는가?"라는 자기검열적인 화두에 부딪히면서도, 역설적이지만 그런 때일수록 세상을 향해 나아가기보다는 내 안으로 더 들어가보기로 했다.

그렇게 셀프 인터뷰 형식을 띤 솔로 무용극을 해야겠다고 마음먹은 것은 다음과 같은 이유에서였다.

첫째, 인간은 육신 안에서 무력하지만 정신을 통해서 자유로워질 수 있다. 나는 당시 반연골 파열로 무릎 수술을 받고 목 디스크까지 겪고 있었는데, 노쇠해가는 몸과 성숙해가는 정신의 간극을 어떻게 표현할 수 있을까 하는 질문에서부터 시작했다.

둘째, 그동안 각종 춤 잡지 등 매체들과 인터뷰하면서 늘 비슷한 질문에 뻔한 대답을 할 수밖에 없어 답답했는데, 차라리 스스로 질문을 던지고 또 답하고 싶었다. 작품을 하면서 내 삶의 일상이 어떻게 나의 작업과 연결되는지를 말하고 싶었고, 눈에 보이는 것들이 아니라 내가 어떻게 영감을 받고 어떻게 표현하는지에 관한 내면의 이야기를 하고 싶었다. 그래서 무대 위의 행위자인 내가 묻고 내가 답하는 셀프 인터뷰 형식의 무용극을 만들기로 했다.

셋째, 독일 파트너가 자서전을 출간하면서 자기는 주변 사람들이 자신의 인생을 판단하고 왈가왈부하게 두고 싶지 않아 자신이 누구라는 것을 스스로 말하기 위해 책을 냈다고 했는데, 나도 작가들이 자전적 소설이나 글을 쓰듯이 나의 이야기를 해보고 싶었다. 그런데 몸으로 표현하는 춤꾼이 어떻게 나의 이야기를 풀 수 있을까 하다가, 세상이 나에게 던졌던 질문이기도 하고 내 안에서 세상 밖으로 나오는 질문들에 답하는 형식으로 공연을 하기로 했다.

나의 시작과 끝, 인터뷰 1, 인터뷰 1.5

그렇게 다소 거창한 이유들로 솔로를 하기로 했는데, 막상 50년을 넘게 살아온 나의 이야기를 어떻게 풀어야 할지 막막했다. 정신은 성숙해가는 반면 몸은 노쇠해가는 자연현상 앞에 부딪힌 한계, 그리고 당시 지원금 수혜에서도 배제된 현실이 나를 가로막고 있었다. 공연예술뿐 아니라 모든 예술이 점점 자본과 예술시장에 대한 의존도가 높아지는 현실도 무시할 수 없는 상황이다 보니, 사기 저하 앞에 굳이 니체의 초인 정신까지 떠올리며 스스로에게 용기를 주어야 했다(니체는 인간은 동물과 초인 사이에 놓인 밧줄이며 이는 심연 위에 놓인 밧줄이라고 말했다).

"건너가는 것도 위태롭고, 지나가는 도중도 위태롭고, 뒤돌아보는 것도 위태롭고, 그 위에 머물러 있는 것도 모두 위태로운 일이다. 하지만 인간이 위대한 것은 두 존재 사이에 놓인 불안한 다리이기 때문이다"라는『차라투스트라는 이렇게 말했다』의 구절을 떠올리며, 불안하지만 나아갈 수밖에 없는 인간이 되기로 했다. 조금씩 진보하는 듯한 내 성숙함의 일부를 창작하는 행복과 바꾸고 싶다는 열망으로 작품을 만들었다. 늘 변화하는 다양한 관점과 상황을 보면서 한 개인의 확신과 신념이 부질없다는 걸 알고 있음에도 불구하고, 작품을 하는 동안만큼은 자신이 믿는 것을 찾고 그것을 표현하기로 했다.

나름대로 오랜 시간 준비한 작품에 관한 메모가 적힌 안무 노트를 가지고 연습실에 들어서던 첫날의 그 묘한 두려움을 잊을 수가 없다. 그 많은 질문들 앞에 어떻게 움직여야 하는지, 머릿속이 하얘지면서 팔 하나도 움직일 수가 없었다. 그렇게 내 머릿속처럼 하얀 벽만 바라보던 첫날에서 완성작을 무대에 올리기까지의 여정이 다 스쳐 지나간다.

예술은 착상에서 형식을 만들고 또 결과물로 보여주어야 한다. 즉, 형상화되어야 한다. 형상화하려면 움직여야 한다. 표현해야 한다. 어떻게? 오랫동안 관찰자로서 댄서들과 작업해왔던 나로서는 행위자와 관찰자를 동시에 해야 한다는 것이 힘겹고 외로운 작업이었다. 그야말로 텅 빈 공간에서 나를 정면으로 대면해야 했던 시간들이었다. 하지만 그 절대 고독은 자신 밖에 해결할 수 없다는 걸 깨닫는 순간, 고독과 두려움은 견딜 만해진다는 것도 값진 경험이었다.

이런저런 우여곡절 끝에 작품을 올리게 되었다. 무대 감독님의 사인을 받고 무대에 들어서기 전, 이 막을 제치고 들어가면 한 시간 동안 등퇴장 없이 나 홀로 한 시간을 무대에서 견뎌야 한다는 긴장감으로 깊게 심호흡을 하고 들어갔다. 막상 무대에 들어서면 어떤 긴장이나 책임감을 느낄 새도 없이 작품 속에 몰입해 한 시간이 훅 지났고, 정신을 차려보면 끝이 나 있다는 것에 안도했다.

그 후에는 서울세계무용축제에서 다음 버전의 인터뷰로 가기 위한 브릿지로 〈인터뷰 1.5〉를 무대에 올렸다. 이번에는 음악을 하는 아들 유진이가 만든 음악으로 무대에 서서 춤을 춘다는 감회도 새로웠다. 〈인터뷰 1.5〉는 지난번 〈인터뷰 1〉 공연의 마지막 장면에서부터 시작해 다음 버전으로 넘어가기 전 끝나는 중간 지점의 공연이었다. 그러니까 끝에서 시작해 새로운 시작을 하면서 공연을 끝내기로 한 것이다.

때로는 질문도 답도 뒤엉키는 부조리한 상황에 부딪히며, 다양한 질문에 대한 나의 화답은 추상적인 춤으로, 책을 읽으면서 답을 하는 것으로, 또는 일상적인 행위로 표현되었다. 어떤 질문들은 무시하기도 하고, 동문서답을 하기도 하고, 또는 과거 나의 작품들의 한 장면을 소환하면서 셀프 인터뷰를 채워갔다.

질문으로만 쓰인 책

무언가 생각하고 있으면 세상이 온통 그것과 연결되는 일을 겪어봤을 것이다. 평소 모르던 영어 단어 하나를 인지하면 어디선가 그 단어가 자주 보이고, 어떤 노래가 문득 떠오르면 갑자기 여기저기서 그 노래가 불쑥불쑥 들려오는 경험을 했을 것이다.

질문으로 채우는 작품을 하겠다고 생각한 이후로, 우연히도 질문들로 이루어진 책들이 손에 들어와 참고하게 되었다. 그중 네덜란드 건축가 렘 콜하스가 뉴욕 구겐하임 미술관에서 '농촌이 우리의 미래다Countryside: The Future'를 주제로 전시를 하면서 출간한 책『컨트리사이드Countryside: A report』는 건축가이면서 기자였고 시나리오 작가이기도 했던 그답게 묵직한 철학적 질문들로만 쓴 책이다.

사실 어떻게 보면 인생은 질문에서 시작된다. 그리고 질문은 답을 찾는 것만큼이나 그 자체로 중요하다. 책 속에서 인상적이었던, 공연에 참고한 질문들을 옮겨본다.

렘 콜하스의 질문들

눈으로 보이는 것은 믿어야 하나?

물체들은 서로에게 할 말이 있을까?

그것이 예술인지 아닌지 누가 결정하지?

왜 우리는 죽음을 슬퍼하지? 죽음을 축하할 수는
없는가?

데카당스의 반대말은 무엇인가?

아름다움은 결정하는 것인가? 그것은 의지가 필
요한가?

우리가 믿었던 과학과 정치는 우리를 난국에서
구했나?

공연 〈인터뷰〉에서 던졌던 질문들

당신은 누구인가? 이름이 없다면, 습득된 것들을
기억상실로 다 잃어버렸다고 가정한다면 당신은
누구인가? 네가 하는 일, 네가 이루어놓은 것과
너 자신이 별개라면?

되고 싶은 나가 아닌 그냥 존재하는 나를 어떻게
설명할 것인가?

사랑이란?

춤이란 무엇인가? 왜 춤을 추는가? (완벽하게 존재하고 완벽하게 사라지기 위해서)

궁극적으로 어떤 작품을 하고 싶은가? (내 안에 죽어 있는 모든 것들을 영원히 묻어버릴 수 있는 작품)

다시 한번 사랑이란? (사랑은 언어에 적합하지 않다)

우리에게 비극은 매 순간 감정이 변한다는 것이다. 그 변하는 순간 무너지는 순간들, 그리고 그 파장을 표현한다면?

지나간 날들 중 행복이란 단어와 가장 어울리는 순간은? 그리고 슬픔이 떠오르는 순간은?

하루 중 가장 좋아하는 시간은?

어린 시절 집에서 학교 가는 그 길은 어땠나?

걷고 싶어, 뛰고 싶어?

세상은 어떻게 돌아가지? 누가 세상을 돌리는 힘 있는 자들이지?

네가 받은 교육은 진실인가?

뉴스에서 하는 말은 어디까지가 진실이고, 누구를 위한 진실일까?

환생이 있을까? 끝이 있을까?

천국과 지옥이 있을까?

죽음의 끝은 어디인가?

내가 죽으면 나의 그림자는 어디로 갈까?

신이 있어? 어떻게 알아? 신을 믿어? 왜?

지금 무슨 생각해?

이미지가 먼저인가, 언어가 먼저인가?

나는 내가 되기 전에 무엇이었을까?

왜 나는 네가 아니고 나일까?

우리가 사랑했었다는 걸 미래의 시간에게 어떻게
알리지?

그날 무슨 일이 있었다고 어떻게 말하지?

말이 사라지면 뭘 할 거야?

그렇다면 인생이란 무엇인가?

이제 내 인생도 한 해의 계절에 비교하면 가을쯤
온 것 같다. 이 늦가을날 거리의 낙엽들처럼 쌓이는 내
작품 속 질문들을 하나씩 흩날리면서, 겨울 속으로 뚜
벅뚜벅 걸어가야겠다.

〈인터뷰〉

2장
친밀한 이방인

– 독일살이와 세계 여행기

문화 충격 이야기

독일 생활이 20년이 훌쩍 넘고 보니, 그동안 문화가 달라서 겪었던 신선한 경험과 어떤 선입견이 깨지던 순간들을 기억한다. 무엇이든 처음 경험하고 느끼는 순간은 각인되기 마련이다.

독일에 처음 왔을 때는 좋아하는 독일 작가나 철학가의 정취를 느낄 수 있을 거라는 기대가 있었다. 그러나 정작 그런 사람들 이야기를 함께 나눌 사람도 없었고, 더구나 관심도 별로 없어 보였다. 사르트르가 그랬던가, 자신이 태어나서 자라고 사는 곳을 사랑하기는 매우 힘들다고 말이다. 그래서 우리는 늘 먼 곳을 동경하는지도 모르겠다.

어린 시절, 학교 음악 시간에 '로렐라이'란 노래

를 배운 기억이 있다. 뒤셀도르프에서 태어난 독일 시인 하인리히 하이네의 시에 독일 작곡가 프리드리히 질허가 작곡한 이 노래를 부르며, 가본 적도 없던 로렐라이 언덕이 얼마나 아련하게 신비한 환상으로 남아 있었던가. 그런데 정작 독일에서는 학교에서 이 노래를 가르치지 않을 뿐더러 잘 모르는 아이들이 대부분이었다(지금도 한국에서 음악 시간에 이 노래를 배우는지는 모르겠다).

한동안 그렇게 빠져 있던 니체에 대해서도 비슷했다. 독일 친구들은 오히려 나보다 독일철학에 그다지 관심이 없어 보였다. 말이 나왔으니 말인데, 니체는 독일적이라고 하기에는 이미 독일적인 사상들을 넘어선 사람으로서 너무나 광범위하고 초인적인 사람일지도 모르겠다. 그의 행보를 보면 독일의 전통적인 학자나 철학가하고는 확연하게 다르다. 오스트리아의 소설가이자 전기 작가 슈테판 츠바이크는 저서 『니체를 쓰다』에서 니체를 어떤 논증에 묶거나 세계관 안에 가두는 것은 불가능하며, 그는 독일의 철학과 기독교, 도덕에서 빠져나왔듯 독일을 탈피한 사람이었다고 말하기도 한다.

아무튼 내가 그렇게 관심이 많은 독일적인 것들에 독일 사람들은 그다지 관심이 없다는 점이 놀라웠다. 물론 그때는 나와 주변 사람들과의 관계가 피상적일 수밖에 없었던 탓도 있었을 것이다.

독일인의 시각으로 바라본 서울

독일인 파트너가 한국에 왔을 때, 그가 던진 질문에 당황했던 기억도 난다. 그 질문을 통해 평소에 얼마나 우리 것에 무심하고 무지한지를 깨닫게 되었으니 말이다. 지금도 그는 우스갯소리로 그때 나에게 들은 대답 대부분이 "모르겠는데, 검색해봐, 그건 그렇게 중요하지 않아, 그게 너랑 무슨 상관이 있어?"였다고 말하곤 한다. 독일에서 여행을 다닐 때는 그가 들려주는 역사와 건축에 관한 이야기로 여행의 즐거움이 배가 되기도 했었는데, 그에 비하면 나의 한국 문화에 대한 지식은 초라하기 그지없었음을 고백한다.

서울에서 받은 그의 질문들은 평소에 별로 생각해보지 않던 것이었다. 지하철은 언제 개통되었느냐, 이 건물은 누가 건축했느냐, 이렇게 독창적인 한옥 건축양식은 언제부터 시작되었으며 왜 이처럼 과학적이고 미적인 건축양식을 더 이상 쓰지 않느냐……. 리움 미술관에 가서는 이렇게 한국을 대표하는 기업에서 미술관을 지을 때 왜 세계적 건축가들은 부르면서 한국 건축가는 함께하지 않았느냐, 너희 나라에도 분명히 훌륭한 건축가들이 있을 텐데…… 등등.

그는 서울 강남의 화려한 거리는 다른 아시아 국가에서 볼 수 있는 풍경과 그다지 다르지 않다면서, 동대문 주변의 시장과 궁 위주로 보고 싶어 했다. 가끔 작품 때문에 한국으로 온 독일 친구들은 서울에 오면 전신주에 엉켜 있는 전깃줄을 찍는다. 그렇게 마구 엉켜 붙어 있어도 제 기능을 하고 위험하지 않다는 것이 너무 신기하다는 듯 말이다.

현대적이고 활기찬 도심의 거리에서 불과 한 블록 안에 펼쳐져 있는 시장의 풍경들, 작은 가게 안에서 졸고 계시는 주인 할아버지, 폐지를 줍고 계시는 할머니, 어딘가 허술해 보이는 인쇄소에서 메르세데스 벤츠 카탈로그를 찍고 있는 광경(아마도 중고차 광고 전단지를 찍는 듯했다) 등 다양한 서울을 담은 그의 거리 사진은 심지어 나에게도 이국적이었다. 그는 최첨단의 현대적인 모습과 그 이면에 전혀 다른 모습이 공존하고 있는 서울이 굉장히 초현실주의적이라며, 마치 살바도르 달리의 그림 속에 들어와 있는 것 같다고도 했다.

예술이 먼저인가, 경제가 먼저인가

언젠가 예술가 친구로부터 연락이 왔다. 뒤셀도르프

시내의 오래된 나무들이 잘려 나가고 큰 빌딩이 들어서는데, 지역 예술가들이 모여서 이에 반대하는 집회와 이벤트를 연다며 함께 참여하자고 했다. 나는 춤을 추는 사람으로서 어떻게 참여하면 좋을지에 대해 회의를 하고 돌아와, 파트너에게 이 집회에 대해 이야기했다. 그는 가만히 듣다가, 자신은 늘 예술가들을 존중하고 존경하지만, 가끔 너무 예술가의 입장에서 세상이 아름답게만 돌아가야 한다고 생각하는 어떤 환상에 빠지는 것을 본다고 했다. 경제가 살고 돌아야 예술계에 대한 지원도 이루어지는 것이라며, 예술가에게 지원되는 예산이 하늘에서 그냥 떨어지는 게 아니라며 다시 잘 생각해보라고 했다.

그는 늘 자신의 견해를 이야기할 뿐 내가 어떤 결론을 내리고 행동하는지에는 관심이 없어 보인다. 그런 자세가 고마운 건지 서운한 건지는 솔직히 모르겠다. 아무튼 그런 식으로 생각해본 적은 없었지만, 늘 주정부의 지원을 받아 활동하는 우리가 나무를 살리자는 취지하에 경제에 이익이 되는 도시계획에 반대한다는 것도 다시 한번 생각하게 하는 관점이었다.

우리는 자신의 세계에 깊숙이 들어가 있다 보니, 다른 관점에서 보는 게 쉽지 않을 때가 있다. 그런 그의 역발상적인 사고는 나를 당황하게도 하고 가끔은 치열한 논쟁에 빠지게도 한다. 물론 문화적 차이도 있을 것이다.

그는 처음 자기 회사를 운영하면서, 직원을 채용할 때는 자신에게 배울 사람보다는 자신이 배울 수 있는 사람을 고용하는 데 집중했다고 한다. 그러다 보니 때로는 직원에게 자신의 월급보다 높은 급여를 주어야 할 때도 있었다. 지원자가 고학력이라는 이유로 자신의 월급 가치를 높이려 할 때는 "당신이 공부를 많이 한 것은 당신의 문제이고, 나는 당신의 능력만큼만 보수를 책정한다"라고 말했다고 한다.

언젠가는 사업차 독일에 방문한 지인이 그에게 사업하는 젊은 사람들을 위한 강연을 한국에서 해달라고 부탁했다. 그런데 그는 건강하고 발전하는 사회는 성공한 기성세대들이 젊은 사람들을 앉혀놓고 가르치기보다, 그들의 소리를 들어주고 뒤에서 밀어주고 격려해야 한다며 정중하게 거절했다. 시시각각 변화하는 세상에서 자신의 과거 경험으로 조언을 하는 것은 시대착오적일 수 있다는 것이었다.

그는 가끔 동독 쪽으로 여행을 가거나 길을 지나갈 때마다, 통일 이후 발전한 동독의 모습을 보면서 자신이 낸 세금이 허투루 쓰이지 않고 이렇게 나라의 발전을 위해 쓰였다는 걸 확인할 수 있어 기쁘다고 말한다. 자기가 낸 세금을 그렇게 사회와 직접적으로 연관지어 뿌듯해하는 모습이 나름 신선했고 독일의 건강한

면을 보는 듯했다. 그는 친구들이 세금이 너무 많이 나왔다고 불평하면, 세금이 많이 나왔다는 건 그만큼 돈을 많이 벌었다는 뜻이니 자축하라고 충고하기도 한다.

아른험 예술대학의 자유로움

내가 졸업한 예술대학 EDDC는 다양한 커리큘럼을 통해 학생들이 자기의 길을 찾아가도록 돕는 과정을 중요하게 여겼다. 학교는 암스테르담에 설립되었다가 나중에 아른험이라는 도시로 옮겨졌는데, 개교 당시부터 워낙 혁신적인 콘셉트의 예술대학으로 인식되었다. 학교에서는 현장에서 활발하게 활동하는 안무가들이 학생들을 대상으로 오디션을 열었는데, 거기에 뽑힌 학생들이 무용단에서 작업하고 공연하는 것도 수업의 일환으로 간주되었다.

그렇게 외부 프로젝트에 참여해 함께 공연했던 이탈리아 출신 동기가 있었다. 우리는 이탈리아 피렌체에서 3개월간 머물며 공연을 함께했다. 늘 깊고 진지한 그의 태도와 정확하면서도 자신만의 색깔이 있는 움직임을 경외감으로 바라보곤 했다. 졸업반이던 마지막 학기에 그는 포스트 모던 댄스의 거장 안느 테레사 더케이르스마커르가 이끄는 로사스 무용단의 오디션

을 보기 위해 벨기에로 떠났고, 전 세계에서 모인 댄서
들과 경쟁해 약 400대 1의 경쟁을 뚫고 무용단에 들어
가게 되었다. 우리는 모두 축하하며 작별 파티를 열어
주었다.

그런데 모든 친구들의 부러움과 축하를 받으며
브뤼셀로 떠났던 그가 두 달 뒤 갑자기 학교로 돌아왔
다. 반갑기도 하고 너무 뜻밖이어서 물어보니, 무용단
의 콘셉트와 취지가 자신과 맞지 않아서 정식 계약 체
결 직전까지 고민하다가 그만두었다는 것이었다. 그러
니까 그는 자신의 세계를 자유롭게 펼치고자 모두가
꿈처럼 가고 싶어 하는 무용단을 박차고 나온 것이었
다. 조금 놀라웠지만 그의 마음을 알 것도 같았다. 예
술도 직장 생활이 맞는 사람이 있고 아닌 사람도 있는
것이다. 댄서도 안무가를 선택할 기본적 권리와 자유
가 있는 것이다. 현재 그는 이탈리아에서 자신의 무용
단을 이끌며 작업을 하고 있다.

독일의 교육 시스템

독일의 교육 시스템은 한국과 많이 다르다. 초등학교
를 4년 다니고 5학년부터 진로를 결정해야 한다. 너무
이른 감이 있다고 생각하겠지만 사회적 균형을 보면

합리적이기도 하다. 그리고 상위 이삼십 퍼센트의 아이들만이 엘리트 교육을 통해 대학 진학을 준비하는 인문계 학교 김나지움에 갈 수 있는데, 그 후로도 성적이 안 되면 유급되거나 실업계 학교로 가야 한다. 선행 학습은 금지되어 있고 학교 외에 학원도 없다. 그렇게 공부한 학생들만이 대학에 갈 자격 시험을 보게 되는 것이다.

가장 신기했던 점은 모든 학생들이 힘들게 공부하는 걸 원치 않는 시스템이었다. 학교 수업에 집중하고 그걸 소화할 수 있는 아이들만 데리고 가겠다는 것이다. 이는 독일 사회가 학문적인 사람들만을 필요로 하는 게 아니라는 뜻이기도 하다. 실업계 학교를 졸업한 아이들이 취업도 빨리 되고, 기술직에 대한 사회적 인식이나 보수도 꽤 높은 편이다.

이렇듯 김나지움 과정이 그렇게 만만한 것이 아니었기에, 아들이 아비투어^Abitur13까지 무사히 잘 마치고 나자 평범한 한국 엄마로서 기쁜 마음이 들었다. 그런데 아들이 일단 1년 동안 갭 이어를 하고, 대학은 그후에 생각해보겠다고 했다. 그리고 정말 아들은 무전여행하듯 몇 개국을 돌며 문화 체험을 했다. 그러다 돈이 떨어지면 블루베리 농장, 공사장 등에서 일했고, 1년 뒤 그야말로 거지꼴을 하고 집으로 돌아왔다. 평소에 독일 학교나 시스템에 불평을 늘어놓기도 하던 아들은 호주 같은 선진국부터 태국까지 곳곳을 돌아다니며 사기도 당해보고 부조리한 일도 겪으며 고생을 많이 하더니, 독일이 꽤 괜찮은 나라라는 걸 알게 되었다고 해서 나는 큰 소리로 웃고 말았다.

그리고 여행을 통해 깨달은 것은 깨끗한 물을 마실 수 있다는 것과 내 침대가 있다는 것만으로도 엄청난 행운이며 행복한 것이라고 했다. 돈은 어떻게 버느냐보다도 어떻게 쓰는가가 더 중요하다는 것도 경험을 통해 깨달았다고도 했다. 그리고 웬만한 일은 스트레스받을 일도 아니더라며 제법 성숙해진 모습으로 돌아왔다. 또 독일어를 모국어로 쓰지만 동양인의 얼굴을 하고 있으니 만나는 사람마다 어디서 왔느냐, 어느 나라 사람이냐고 묻는 질문에 자신의 정체성을 진지하게 생각해보게 되었다고 한다. 어려움을 겪을수록 강해지는 동양인의 기질을 가지고 있으면서, 창의적이고 독립적인 서구식 교육을 받은 다문화 배경에서 성장한 자신은 아주 운이 좋은 사람이라는 결론을 얻었다고도 한다.

이후 아들은 정보공학 전공으로 대학 생활을 시작했다. 그런데 1년 반이 지나자, 공부를 접고 자기가 하고 싶었던 음악을 하겠다고 했다. 나는 "일단 대학은 마치고 하고 싶은 일을 하는 게 어때?"라며 보통의 부모들이 지닌 뻔한 의견을 내놓았다. 대학을 졸업하고 후회하는 사람은 보지 못했지만, 반대로 대학을 마치지 못한 사람들이 나중에 후회하는 건 보았노라며 궁색한 조언을 해주었다.

그런데 파트너는 본인이 뭘 하고 싶은지 모를 때나 가야 할 방향을 잡지 못했을 때 대학에 가는 사람도 많은데, 자기가 하고 싶은 일이 확실하다면 그 일을 하면 된다고 조언했다. 자신이 만난 많은 사람 중에 대학 덕분에 성공한 사람은 거의 없었다며 대학에 너무 큰 의미를 두지 말라는 것이다. 현대사회는 학문적인 사람들만이 성공할 것이라는 이미지로 사람들을 현혹시키고 시간과 돈을 낭비하게 하며, 학벌주의적 사고에서 벗어나야 한다고도 했다.

그럼에도 불구하고 나는 인생에는 다 때가 있으니 공부할 수 있을 때 하면 좋겠다 하니, 아들은 공부가 하고 싶을 때가 오면 그때 해도 늦지 않다고 말했다. 독일은 한번 아비투어를 통과하면 언제고 다시 대학에 갈 수 있다. 아들은 아비투어는 꼭 대학을 위한 교육만이 목적은 아니라며, 자기는 김나지움에서 많은 것을 배웠고 사물을 분석하고 논리적으로 생각하는 힘도 학교에서 배웠다고 했다.

현재 아들은 휴학하고 지금은 베를린에서 음악을 하며 독립적으로 살고 있다. 어차피 아들에게 다른 사람의 의견은 그다지 중요하지 않았다. 그리고 하고 싶은 일을 하는 게 사실 정답이긴 하다. 스스로 택한 길을 가야 스스로 책임질 수 있고, 언제고 다른 길을 선택할 권리도 있는 것이다.

다양하게 겪었던 문화 충격 속에서, 나는 가랑비에 옷 젖듯이 나도 모르게 어느 정도는 다른 문화들을 이해하고 따르게 된 것 같다. 그것도 아주 자연스럽게 말이다.

지난 여름, 하이데거에서 에드워드 호퍼까지

요즘은 아침에 눈을 뜨면 제일 먼저 암막 커튼을 걷으면서 하늘을 한참 올려다보는 버릇이 생겼다. 록다운 현상 속에 생긴 새로운 습관 중 하나다. 지금처럼 멀리 어딘가를 자유롭게 갈 수 없는 상황에서는 하루 일과가 그다지 다를 게 없지만, 그래도 습관적으로 하늘을 보면서 하루의 날씨를 점치고, 날씨에 따라 그날을 어떻게 보낼지 대충 계획을 세우기도 한다.

지금 살고 있는 뒤셀도르프에서는 자동차로 한 시간이면 네덜란드, 두 시간이면 벨기에, 두 시간 반이면 룩셈부르크, 세 시간이면 프랑스에 갈 수 있다. 독일은 이외에도 오스트리아, 스위스, 체코, 폴란드, 덴마크를 포함해 아홉 개 나라와 국경을 맞대고 있다. 역마살을 타고난 나로서는 천성을 따라 돌아다니는 것이 독일 생활의 큰 즐거움이다. 다행히도 함께 살고 있는 파트너 역시 워낙 호기심이 많고 한 군데 가만히 있지를 못하는 성격이어서, 우리는 여기저기 여행을 많이 다닌다.

틈만 나면 독일을 벗어나 자유롭게 다니던 우리는 코로나의 시작과 함께 발이 묶였고, 여행이 가능한 독일 안으로 시선을 돌리게 되었다. 여름날, 우리는 그나마 가장 안전한 독일 안에서 가보지 못했던 곳들을 돌아보기로 했다. 그래서 결정한 곳이 울창한 침엽수림이 거대한 숲을 이룬 '검은 숲'이 있는 바덴뷔르템베르크주였다. 우선 하이데거의 별장이 있는 토트나우, 비트라 디자인 박물관이 있는 바일 암 라인, 그리고 거기서 국경이 붙어 있는 스위스 바젤의 에드워드 호퍼 특별 전시가 열리고 있는 바이엘러 재단 미술관을 돌아보기로 했다.

단지 지리적으로 가까이 있다는 이유로 전혀 연계성이 없어 보이는 여행이었지만, 무엇보다 하이데거와 에드워드 호퍼라니! 그 이름만으로도 설레는 마음을 안고 떠났다. 전혀 연결 고리가 없어 보이는 듯하지만, 사실 우리 인생도 꼭 개연성 있게 흘러가는 것은 아니지 않는가? 우리의 삶에 갑자기 예상치 못한 일들이 벌어지고 엉뚱한 방향으로 흐르기도 하듯이 말이다.

하이데거 별장이 있는 토트나우

하이데거가 머물며 사유하고 글을 쓰던 별장이 있는 토트나우는 그림 형제의 동화 『헨젤과 그레텔』의 배경 이 되는 검은 숲에 둘러싸인 작은 마을이다. 검은 숲이 라고 불리는 이 숲은 프랑스와 스위스의 국경인 라인 강을 따라 가로 60킬로미터, 세로 200킬로미터에 걸쳐 소나무, 전나무, 가문비나무 같은 나무들이 들어서 있 다. 햇살이 거의 들어올 틈도 없이 거대한 침엽수들이 빽빽이 들어찬 숲길을 달리며 왜 그렇게 이름 지어졌 는지 알 것 같았다. 중간중간 아름다운 호반을 지날 때 는 탄성이 절로 나왔다. 깊은 숲이지만 벌목 차량이 언 제고 편하게 드나들 수 있도록 놓인 길 때문에 운전하 기에 너무 좋았다.

여섯 시간의 이동 끝에 해발 1천 미터에 있는 작 은 마을 토트나우의 숙소에 도착했다. 이런 작은 마을 에 창문마다 버베나꽃이 피어 있고 수영장 딸린 호텔 이 있다니 신기했다. 우리 방은 지하로 한 층 내려가는 듯싶었는데, 문을 열고 들어가니 탁 트인 마당이 있고 구불구불 대자연이 멀리까지 펼쳐져 있었다. 밤이 되 면 하늘에 쏟아질 듯한 별들이 가득해, 자연 속에 안겨 있는 듯 안락한 기분이 드는 곳이었다. 정성스럽게 준 비된 호텔 저녁을 먹고 해가 지는 작은 마을 주변을 가볍게 돌아보았다. 머리가 띵할 정도로 맑은 저녁 공기를 마시며 굽이굽이 보이는 언덕 사이로 난 길들을 걸었다. 아스라이 지는 햇살이 온 마을을 부드럽게 감싸는 풍경에 말로는 표현할 수 없는 어떤 극적인 평화가 느껴졌다.

다음 날 우리는 마당으로 쏟아지는 햇빛을 받으며 아침을 먹고, 본격적으로 걸을 준비를 마친 후 지도를 들고 나섰다. 차도가 없는 산길을 걷고 또 걸어서 하이데거 산책로로 진입하는 순간 설레기 시작했다. 걷는 동안 공기는 숨을 쉬는 매 순간순간 '아, 산소의 맛이 이런 거로군' 하고 느껴질 정도로 특별했다. 고도가 꽤 높은 지역이므로 아래로 굽이굽이 보이는 작은 마을들과 이름 모를 들꽃들이 피어 있는 산책로는 어찌 보면 평범하기 짝이 없는 숲길이었다. 쨍쨍히 내리쬐는 햇볕 아래 생각보다 깊숙이 걸어 들어가니, 하이데거 별장이 멀리 보이는 지점에서 더 이상은 통행이 금지되는 사유지라고 쓰여 있었다. 그 작은 오두막 같은 집이 바로 하이데거가 머물면서 산책하고 사유하며 글을 쓰던 곳이었다. 하이데거의 집은 후손들이 관리 중이며 관광지가 아니어서 멀리서만 바라볼 수 있었다. 하이데거가 걸어 다니던 산책길을 걸어보자고 온 여행이었기에, 가장 가까운 곳에서 그의 별장을 바라보는 것만으로도 충분했다.

유년기의 질문들과 실존주의

나의 유년 시절은 질문의 연속이었다. 어떤 언어적 사고나 개념도 머릿속에 없었지만, 일상 속에서 느껴지는 불합리들은 나로 하여금 삶의 근본적인 질문들을 품게 만들었다. 이십대까지도 직관적으로 느껴지는 불안과 인간의 본질에 관한 질문들로 은밀하게 정신적인 방황을 하고 있었다. 사실 우리는 사회적 성공과 자신의 꿈을 실현하기 위한 도구로 공부를 하고, 또 열심히 살아야 한다는 교훈으로 가득한 교육을 받지만, 그런 것들이 우리를 어떻게 행복하게 해주며 인생의 의미를 깨닫게 해주는 것인가에 대해서는 배우지 않는다.

그러던 중 삶을 바라보는 시각에 큰 영향을 준 사람들을 만났다. 연극을 하던 동생을 통해 알게 된 카프카, 카뮈, 사르트르 같은 실존주의 작가들이었다. 그리고 결정적으로 니체를 만나면서 또 다른 관점으로 세상을 보게 되었고, 철학이 그저 우리 현실과 무관한 관념적인 것만이 아니라 실제 우리 삶에 가장 근본적인 의미를 깨닫게 해준다는 것을 알게 되었다. 그리고 실존주의 작가들이 나의 의문의 실마리를 풀어준 것은 아이러니하게도 인생은 원래 부조리하고 의미 없음을 받아들이는 것에서 시작해야 한다는 것이었다. 나는 인생의 의미를 찾는다는 것은 그 자체로 무의미하며, 자신이 주체적으로 인생의 의미를 부여하는 것이라는 걸 깨달으면서 그간의 정신적 방황은 일단락 지어졌다.

실존주의 철학자, 문학가들의 사상에 근간이 되어주는 하이데거의 『존재와 시간』이라는 책을 보면 인간은 내던져진 존재라고 한다. 인간은 어떤 특별한 의미도 없이 그저 세계로 던져진 존재다. '내던져짐 Geworfenheit'에는 거룩한 신의 섭리도, 정해진 운명도 없이 오직 자신의 선택과 결단에 의해 비로소 존재의 의미가 밝혀지는 자리가 있을 뿐이다. 그러므로 인간은 불안해하며, 공허 속에 놓이기도 하고 절망을 느끼게 된다. 거기서 벗어나는 방법은 오직 하나, 실존하는 것이다.

다른 사람을 따라서 말하고 행동하는 세상 사람으로 사는 것이 아니라, 스스로 자신의 존재 가능성을 기획하고 살아가야 한다는 것이다. 자기 자신으로 살 것인가, 세상 사람으로 살 것인가? 실존할 것인가, 전락할 것인가? 본래적 삶을 살 것인가, 비본래적 삶을 살 것인가? 하이데거는 그런 질문들을 통찰하며, 많은 저서에서 왜 인간은 불안하며 고독한가에 관해 말한다.

사실 하이데거는 독일 사람들도 어렵다고 생각하는 독일 철학가 중 한 사람이다. 그런데 하이데거의 사상들을 보면 동양철학에 대한 깊은 이해와 사유에서 기인했음을 알 수 있다. 당시 독일인들에게 그의 철학이 어려울 수밖에 없었던 것은 아마도 독일어로 쓰여 있지만 독일인들의 사고에는 없었던 것들을 이야기했기 때문이었을 것이다. 하이데거는 동양철학을 가장 철저하게 사유하고 소화한 20세기 사상가로서, '서양의 노자'로도 불릴 만큼 그의 심층부에서는 동양적 사유를 적극적으로 수용하고 있었다. 삶을 가능하게 하면서도 스스로는 지배하지 않을 수 있는 것은 무엇일까? 하이데거는 그것이 다름 아닌 도에 내재하는 길의 성격이라고 했다.

경이로운 비트라 공장의 건축들

다시 여행 이야기로 돌아와, 우리는 비트라 디자인 박물관이 있는 바일 암 라인으로 가는 길에 라인강의 보석이라 불리는 스위스의 작은 중세 마을 슈타인 암 라인에 들르기로 했다.

슈타인 암 라인에서는 11세기에 지어져 14세기에 증축된, 지어진 지 천 년이 되는 성 조지 수도원을 들러 라인 폭포까지 둘러보았다. 콘스탄츠 호수가 흘러들어가는, 중세 시대부터 그대로 유지된 목조 가옥들을 끼고 흐르는 라인강은 독일에서 보던 라인강하고는 사뭇 다른 그림 같은 정경이었다. 수심도 얕고 물도 깨끗해서 사람들이 유유자적 수영을 하고 있었고, 색색깔로 예쁘게 꾸며진 옛날식 보트를 타고 와인을 마시며 마치 중세의 남작들처럼 여유롭게 즐기는 사람들도 보였다. 라인강 줄기에서 유일하게 다이빙이 허락된다는 목조 다리 위에서는 아이들이 강가로 신나게 뛰어내리기도 했다. 그 모습을 보며 나도 잠시 물속으로 들어가 부드럽고 따뜻한 물결을 느껴보았다.

밤늦은 시간이 되어서야 우리는 바일 암 라인에 도착했다. 독일은 여름이면 밤 10시가 되어도 환해서 하루해가 꽤 길다. 그래서 특히나 자동차로 여행 다니기 좋은 계절이다.

이번에는 우리가 돌아볼 비트라 캠퍼스 가까이에 있는 아주 모던한 디자인의 호텔에 며칠 묵기로 했다. 호텔 내부는 전부 비트라 디자인의 가구들로 채워져 있었다. 다음 날 비트라 캠퍼스를 돌아보았는데, 하루가 부족할 정도로 다양한 전시와 스케일에 놀랐다. '건축의 노벨상'이라 불리는 프리츠커상 수상자들인 프랭크 게리, 안도 다다오, 자하 하디드, 알바루 시자, 헤어초크 앤드 드 뫼롱, 렌초 피아노의 건축물을 한곳에서 볼 수 있다니 믿기지 않았다.

더구나 산업 가구 디자인과 건축 분야에서 중요한 건축물로 꼽히는 비트라 디자인 박물관이 프랭크 게리가 유럽에서 설계한 최초의 건축물이라고 하니,

이 가구 회사의 재력과 안목이 대단하다 못해 경이로 웠다. 이런 곳은 세계 어디에도 없을 것 같았다. 큰 캠 퍼스에 퍼져 있는 비트라 공장과 전시관 등의 건축물 이 마치 거대한 예술 조각품을 보는 듯했다. 그리고 가 구 디자인의 역사를 한눈에 볼 수 있는 천 8백여 점의 컬렉션은 나 같은 가구 문외한조차도 단박에 빠져들게 했다.

건축물과 디자인을 좋아하는 파트너의 설명을 들 어보니, 비트라 가구는 전속 디자이너 없이 론 아라드, 필립 스탁 같은 전설적인 디자이너와의 협업을 통해 디자이너의 개성을 살려 비트라의 가치를 높이는 모던 하면서도 클래식한 가구를 만들기로 유명하다고 한다. 그리고 무엇보다도 영구 지속성에 가치를 둔다고 한 다. 그렇게 비트라가 출시한 5백여 개의 가구 중에 다 수가 뉴욕 현대 미술관과 메트로폴리탄 미술관에 영구 소장품으로 등록되어 있다.

개인적으로 특별히 흥미로웠던 발견은 프랑스의 찰리 채플린이라 불리는 자크 타티의 영화 〈나의 아저 씨〉에 나오는 초현실주의적이고 아방가르드한 가구 들이었다. 영화 속 소품이 실제 유명한 가구 디자이너 의 작품이었다는 사실이 신기했다. 1958년에 만들어 진 영화라는 것이 믿기 힘들 정도로 지금 봐도 모던한 최신식 영화 세트들이 한몫하는, 물질 만능 시대를 풍

자하는 무성영화로 몇 번이나 재미있게 봤었기에 더욱
반가웠다. 거대한 비트라 캠퍼스를 돌면서 참으로 놀
라웠던 것은 일반인에게는 공개하지도 않는 가구 공장
과 물류센터를 세계적인 건축가에게 의뢰한 경영자의
마인드였다.

바이엘러 재단 미술관의 에드워드 호퍼

다음 날 우리는 호텔에서 몇 킬로미터밖에 떨어져 있
지 않은 스위스 바젤의 바이엘러 재단 미술관으로 향
했다. 걸어서도 갈 수 있는 거리였지만 30도가 넘는 꽤
더운 날씨였기에 자동차로 움직이기로 했다. 에드워드
호퍼의 그림을 볼 수 있다는 설렘에 간밤에 잠을 설칠
지경이었다. 신고전주의, 사실주의, 모더니즘, 인상주
의로 평가되는 에드워드 호퍼의 그림을 보면서, 그 평
범한 듯하지만 신비한 고독과 교감하지 않을 사람이
있을까? 늘 포스터나 사진으로만 보던 호퍼의 그림을
실제로 볼 수 있다니 꿈만 같았다.
　　호퍼의 작품을 전시하는 바이엘러 재단 미술관은
에른스트 바이엘러라는 한 예술 애호가의 열정으로 지
어진 사립미술관이다. 바이엘러가 소장했던 피카소,
모네, 칸딘스키, 자코메티, 클레 등의 작품들이 전시된

미술관으로 바젤의 명소가 되었다고 한다. 한 예술 애호가의 열정이 한 도시의 문화를 이끈 것이다. 파리의 조르주 퐁피두 센터를 설계한 렌초 피아노의 설계로 지어진 바이엘러 미술관은 전시물을 돋보이게 하기 위해 건축물을 최소화하는 그의 철학답게 정말 군더더기 없이 그림에 집중하게 만드는 곳이었다. 최대한 자연광을 살리기 위해 설치한 유리 천장과 통유리 창문들은 바깥의 아름다운 정원을 담고 있어 그 자체로 작품 같기도 했다. 그리고 미술관 입구에서부터 전시관까지 조성된 공원도 깔끔하고 멋스러웠다. 나도 모르게 미술관 공원 카페에 앉아 있는 사람들을 향해 카메라 셔터를 눌렀는데, 그조차 에드워드 호퍼의 그림 같았다.

우리는 아주 천천히 한 작품 한 작품을 가까이서 또는 멀리서 감상했다. 그의 그림에는 대도시에 던져진 고독한 현대인들이 보인다. 마치 영화의 한 장면, 연극의 한 장면 같은 그림들은 한참을 보고 있어도 질리지 않았다. 카페에서, 거실에서, 아름다운 집의 발코니에서, 심지어 정유소에서 기름을 넣고 있는 평범한 사람들의 모습에서 가슴이 저릿한 고독이 묻어난다. 그림 속 인물뿐만 아니라 친숙한 사물과 공간조차 쓸쓸함으로 채우는 마력 같은 것이 있었다. 평범하기 그지없는 일상을 시공간을 초월한 듯한 느낌으로 담은, 마치 시간이 멈추어버린 듯한 그림들이 감성을 건드렸다. 사진 촬영이 금지되어 있어 아쉬웠지만, 그 여운은 계속 남아 있을 것 같았다. 여행을 계획할 때는 전혀 개연성이 없어 보이던 여행이 마지막 날 에드워드 호퍼의 전시를 보면서 하이데거의 내던져진 존재들의 처연함이 묻어나는 그림들로 마무리가 되는 것 같았다. 결국에는 다 연결이 된다.

하이데거 별장으로 가는 길

우리는 과연 동시대에 살고 있는 것일까?

독일에서 올린 나의 첫 안무작 제목은 '도둑맞은 꿈'
이었는데, 인도의 신화를 가지고 만든 작품이었다. 신
화에 의하면 태초에는 인간도 신이었다고 한다. 그런
데 인간이라는 신이 어찌나 신성을 남용하고 욕심도
많은지, 다른 신들은 더 이상 두고 볼 수 없어 인간이
잠든 사이 신성을 빼앗아 감추기로 합의했다. 하지만
아무리 꼭꼭 숨겨놓아도 영리한 인간들이 찾아내고 말
것이라 여긴 신들은 고심한 끝에 인간의 마음속에 그
신성을 숨겼다. 그 후로 인간들은 잃어버린 무언가를
찾아 늘 머나먼 곳으로 찾아 헤매게 되었다는 이야기
다. 정작 가장 중요한 것이 자기 안에 있는 줄은 모르
고 말이다.

인도는 아주 오래전부터 언젠가 꼭 혼자 여행을 가보고 싶은 곳이었다. 가본 적은 없지만 왠지 어느 이름 모를 골목으로 영원히 사라지고 싶은 충동을 느끼게 하는, 미지의 세계 같은 아련한 환상이 있는 곳이었다. 역마살을 타고나 자주 여행을 다녔지만 어쩌다 보니 좀처럼 인도를 여행할 시간과 기회가 없었다. 그러던 차에 아주 우연하게, 그것도 아주 갑자기 인도를 갈 수 있는 기회가 찾아왔다. 2019년 가을, 그러니까 코로나가 창궐하기 바로 몇 달 전이었다. 인도의 어디로 갈 것인가에 대한 선택의 여지도 없이, 초대해준 지인이 있는 곳이며 영국의 식민지 시절 수도였던 서벵골주의 콜카타라는 도시로 가게 되었다.

가까운 친구들은 그 위험하고 더러운 곳에 왜 가려느냐, 조심해야 한다는 주의를 주었지만 나는 이 기회를 놓칠 수 없다고 여기며 인도행 비자를 준비하면서 꿋꿋하게 짐을 쌌다. 드디어 새벽에 집을 나서는데 조용한 거리에 지나가는 사람들이 큰 소리로 떠드는 소리가 들렸다.

"……인도 출장을 갔었는데 내 인생에 다시는 가고 싶지 않은 곳이야."

아, 우연이라 하기엔 하필 인도행 비행기를 타러 가는 아침, 길에서 들리는 첫 대화가 그런 소리라니. 정말 나도 모르게 "저, 저기요, 저 지금 인도로 가는 길인데요?" 하고 말할 뻔했다.

그래도 인도를 보고 싶다는 열망으로, 이런 불길한 우연의 신호쯤은 아무것도 아니라는 듯 좀 더 비장한 마음으로 걱정 반 설렘 반으로 떠났다. 그렇게도 무수히 비행기를 타고 안 다녀본 곳 없이 돌아다녔는데, 인도로 가는 길은 왜 그렇게 긴장되고 또 멀게 느껴졌을까? 공항에 마중 나온 지인이 인도 전통의상을 입고 웃음으로 맞아주었다. 그는 인도는 되는 것도 없고 안 되는 것도 없는 곳이라며, 인도에서 사업하며 겪은 이야기를 들려주었다. 인간적인 유머와 풍자가 가득한 나라 인도와 지인은 어딘가 잘 어울렸다. 늘 도전을 멈추지 않고 비전을 가지고 사업하는 지인은 독일에도 회사가 있고 이제는 인도까지 회사를 확장했다. 사업을 할 때는 냉철한 듯하지만, 늘 주변을 살피고 또 베푸는 따뜻한 사람이다.

나는 독일에서도 한국에서도 늘 아웃사이더로서의 삶에 익숙하다 보니, 어디를 가도 관찰하고 영감을 받는 것이 나의 정체성이 되어버렸다. 그래서인지 여행을 가도 환경 적응이 빠른 편이다. 그런데 도착한 날부터 눈에 들어오는 콜카타의 광경은 무슨 시대극 영화 세트장에라도 들어온 것처럼 놀라움의 연속이었다. 무더위에 맨발로 앉아 그 자리에서 닭을 잡아 파는 상인들, 엉켜 있는 자동차들 속에서 길을 가로막는 소 떼들, 뿌연 먼지 속 복잡한 길 한가운데 앉아 더없이 평온한 얼굴로 명상하고 있는 뼈만 앙상한 노인의 모습을 보니 정말 머나먼 땅에 온 것이 실감 났다. 가장 오래된 것이 가장 새롭다더니, '올드 퓨처'를 대한다는 것은 그야말로 하루하루가 새롭고 신기한 정신적 모험이었다.

작가 류시화는 『지구별 여행자』라는 책에서 콜카타의 첫인상을 이렇게 표현한다.

"동인도 콜카타에 대한 나의 첫인상은 가난하고, 더럽고, 복잡한 도시라는 것이었다. 그런데 며칠 지내면서 보니 콜카타는 처음 볼 때보다 훨씬 더 가난하고, 훨씬 더 더럽고, 훨씬 더 복잡한 곳이었다."[14]

시간이 지날수록 정말 그랬다. 그런데 『양철북』으로 유명한, 노벨문학상을 받은 독일 작가 귄터 그라스는 왜 콜카타를 가장 선호하는 여행지이며 최고의 영감의 도시로 삼았을까? 괴테는 왜 "내가 10년만 젊었어도 인도로 여행을 떠났을 것이다. 새로운 것을 발견하기 위해서가 아니라, 이미 내 안에 있는 어떤 것들을 재확인하기 위해서"라고 했을까? 『톰 소여의 모험』의 작가 마크 트웨인은 왜 "지구의 나머지 나라를 모두 본 것보다 더 강렬한 나라, 인도"라고 했을까? 이처럼 유명한 작가들이 극찬한 인도에 직접 와보니, 그 이유를 어렴풋이 알 것 같았다.

타고르, 마더 테레사

콜카타에 온 김에 아시아인 최초로 노벨문학상을 받은 타고르 시인의 생가 타고르 하우스를 찾아가 보았다. 우리에게 타고르는 한국을 표현한 시 「동방의 등불」로 도 잘 알려져 있다. 타고르 하우스는 무척이나 복잡한 거리에 있었다. 오가는 차들과 릭샤들이 북적이고, 집 앞에는 거리의 이발사들이 한가하게 머리를 자르고 있고, 그 옆에서 사람들이 줄지어 순서를 기다리는 모습이 보였다. 지인이 인도는 위험하다며 자동차와 운전기사를 늘 붙여주어서 비교적 안전하게 콜카타를 둘러볼 수 있었는데, 마음껏 골목을 누비며 걷고 싶었지만 그럴 수 없는 상황이 조금 아쉽기는 했다.

그다음에는 인도에서도 가난한 사람들이 가장 많다는 도시 콜카타에서 평생 봉사활동을 하며 마지막까지 그곳에서 생을 마친 마더 테레사의 집을 방문했다. 콜카타는 인도와 파키스탄 전쟁 이후 들어온 난민들로 인해 더욱 극빈 도시가 되었다고 한다. 평생을 집도 없이 고단하게 산 사람들이 늙고 병들었을 때 죽음을 기다리는 동안만이라도 편히 쉬다 가도록 호스피스를 짓고 그곳에서 극빈자들을 돌보는 일에 일생을 바친 마더 테레사는, 노벨평화상 시상식 날도 자신의 손길이 필요한 사람들을 잠시도 외면할 수 없어 불참했다. 좁은 골목을 걸어 들어가니 마더 테레사의 사진이 걸려 있는 문이 보였다. 문을 살살 두드리니 수녀님들이 문을 열어주시고는 조용히 안내해주셨다. 마더 테레사가 잠든 동상 아래서 조용하게 기도하고 집을 둘러보고 나오는데, 어떤 분이 내 손에 마더 테레사의 사진이 인쇄된 카드와 묵주를 쥐여주었다.

인도의 전통 춤 오디시

콜카타에서 무엇보다 특별했던 시간은 인도의 전통 춤 오디시Odissi 개인지도를 받으러 다녔던 일주일이었다. 이 춤은 인도 북동부의 오디샤라는 도시의 힌두 신전에서 신에게 바치던 성스러운 춤으로, 현재도 원형 그대로 유지 · 계승되고 있는 춤이라고 한다. 현대에도 몇천 년 전의 춤을 배울 수 있다는 것 자체가 경이로웠다.

오디시는 종교적 색채가 강한 춤으로, 재미있는 것은 발 포지션은 늘 턴아웃[15]을 유지하는데 그 각도가 서양 무용처럼 완전한 턴아웃이 아닌 중간 정도이고, 무릎은 항상 그랑 플리예[16]가 아닌 드미 플리예[17] 정도라는 점이다. 그리고 발바닥은 앞부분과 뒤꿈치를 치면서 리드미컬하게 다양한 스텝을 밟는다. 서양 춤의 기본 원리와 탭댄스 또는 플라멩코의 느낌도 났고 우리나라 전통 춤처럼 땅을 누르면서 하는 잔걸음과 닮기도 했다. 그런데 상체는 아주 복잡한 손가락 동작에다가 팔꿈치와 머리 각도가 다양해서, 정말이지 일주일 동안 2분 30초짜리 안무를 배우는 것도 쉽지 않았다.

　매 순간 온몸의 각도를 맞추려면 그야말로 정신수양의 수준으로 집중해야 했다. 시선은 머리를 돌리고 바로 봐선 안 되고, 먼저 턱이 움직이고 그에 따라 눈동자가 곁눈질하듯 옆으로 따라가야 한다. 그리고 엉덩이가 움직이는 게 아니라 몸통으로 먼저 리드해서 골반이 따라가게 하는 것도 보기보다 쉽지 않았다. 다양한 신과 자연을 표현하는 정교한 손가락 동작과 시선과 팔꿈치와 몸의 각도를 잡는 데 머리에 지진이 날 지경이었다.

　수천 년 동안 내려온 전통 춤을 단 며칠 배워서야 그 느낌을 가늠하기조차 힘들 것이라는 것은 알았지만, 그래도 어설프기 짝이 없는 나에게 아주 빠른 편이라며 용기를 주고 끝까지 작품 하나를 남겨준 스승 슈바에게 감사한다.

　인류 4대 문명의 발상지다운 인도의 역사박물관, 빅토리아 기념관 등 명소들을 돌고, 오후에는 오디시 레슨을 받고, 저녁이면 지인의 비즈니스 파트너들과 또 다른 세상에서 럭셔리한 저녁을 먹기도 했다. 지인의 비즈니스 파트너들은 친구의 친구는 자기들에게도 친구라며 인도에서 무엇을 하고 싶은지 물었다. 나의 버킷 리스트 중 하나가 갠지스강 가에서 시체를 태우고 한쪽에서는 그 물로 목욕하며 기도하는 사람들을 한번 보는 것이었기에 그렇게 답했더니, 왜 죽음을 보고 싶으냐고 진지하게 물어 왔다. 나는 가까운 가족과 친구의 죽음을 겪으면서 언젠가 나에게 죽음이 찾아오면 너무 당황하지 않기 위해 늘 죽음을 아주 가까이서 느끼며 준비하고 싶다고 답했다.

지인의 비즈니스 파트너 중에 한 분이 바쁜 와중에 특별히 시간을 내어 갠지스강의 줄기인 후글리강 가에 있는 화장터에 데려가주었다. 나무토막처럼 누워 있는 시체 위로 화장하기 직전에 행해지는 의식을 보았다. 이미 영혼이 떠난 상태의 몸이라서 그런지 별 느낌이 없었다. 결국 우리의 몸은 살아 숨 쉬는 동안만 그 존엄성이 존재하는 겉옷 같은 것이구나 싶었다.

시공간을 초월하는 벨루르마트 사원

인도 성자들에게 최고의 존경을 받는다는 종교가 라마크리슈나는 모든 종교를 깊이 연구한 끝에 결국 모든 종교는 하나로 통한다고 했다. 때문에 그의 뜻을 받들어 지어진 후글리강 가에 있는 벨루르마트 사원은 종교에 차별을 두지 않고 누구든지 와서 기도를 올릴 수 있도록 지어졌다고 한다. 그래서 이 사원은 모든 종교를 화합시키는 의미로 교회도 성당도 힌두 사원도 모스크도 아우를 수 있게끔 지어졌다. 염소를 잡아 신성한 피를 제물로 바친다는 칼리 사원을 비롯해 콜카타에 있는 여러 사원을 둘러보았지만, 후글리강 가에서 물을 길으며 기도하는 사람들 위로 이름 모를 새 떼들이 웅장한 현대 교향악 같은 소리를 내며 날아가고, 하늘에서는 해가 어스름히 지면서 보랏빛을 띠고 있던 벨루르마트 사원의 광경은 영원히 잊지 못할 것 같다.

무더위에도 화려한 색깔의 천을 두르고 사원으로 향하는 끝없는 인파, 사원 안 수도자들의 우렁찬 염불 소리, 그 앞에 모여 기도하는 신심이 깊어 보이는 사람들의 풍경은 마치 나를 아득한 시간 속으로 빨아들이는 것 같았다. 유난히 습기 많은 저녁의 그 몽롱한 분위기에 취하는 듯했고, 그날만큼은 시공간을 초월한 잊을 수 없는 순간으로 남았다. 종종 천진한 눈빛의 아이들이 다가와 사진을 찍자고 해서 지인과 나는 사진을 찍어주었다. 지인이 신나서 돌아서는 아이들을 다시 잡으며 사진을 찍어줬으니 1루피를 주고 가야지, 하니 아이들이 큰 눈을 휘둥그레 뜨다가 농담인 걸 알고 해맑게 웃으며 돌아갔다. 갠지스 강물을 한번은 만져보고 싶었던 나는 비록 그 강의 한 줄기인 후글리강

이었지만 기도하는 사람들 사이로 강물에 손을 담가보
았다.

　언젠가부터 나는 세상의 모든 신 앞에서 기도하
는 것이 자연스러워졌다. 사람들은 각자의 형식과 방
식으로 다른 문화, 다른 역사 속에서 기도하지만, 그
위에 도달하는 순간에는 반드시 하나의 신으로 이어질
것이라고 생각하기 때문이다.

두 얼굴의 도시, 뭄바이

콜카타에서 보낸 열흘의 시간이 마치 꿈을 꾼 듯이 지
났다. 마지막 며칠은 서울의 인구밀도의 1.2배가 넘는
도시, 천국과 지옥이 공존하는 도시, 발리우드로 유명
한 거대 도시, 뭄바이로 갔다. 뭄바이는 17세기 후반
부터 영국 동인도회사의 거점으로 육성된 무역항이다.
도시 곳곳에 영국 식민지 시절의 빅토리아식 거대한
건물들이 유럽의 분위기가 나기도 했지만 빈민가와 슬
럼가는 상상을 초월했다.

　뭄바이에서 가장 강렬하게 기억에 남는 곳은 카
스트 신분제도의 제4계급에도 속하지 못한다는 불가
촉천민들이 모여 180년 동안 빨래로 생업을 이어간
다는 공동 빨래터였다. 아무리 더러워진 빨래라도 이

들의 손에 들어가면 더없이 깨끗해지지만, 이들의 타고난 신분은 빨아도 빨아도 바꿀 수 없다고 한다. 1955년 불가촉천민 관련법이 제정되어 이들에 대한 종교적, 직업적, 사회적 차별을 금지하고 있지만 인도 전역에는 아직도 전통적인 카스트 제도의 영향이 강하게 남아 있어, 그들은 여전히 종교적 · 문화적 · 사회적으로 차별받으며 절대적인 가난 속에 살고 있다.

'도비가트'라는 공동 빨래터 주변에는 이들이 살고 있는 천막촌이 늘어서 있는데, 세계 어떤 곳을 가봐도 이보다 더 처참한 삶은 없을 것 같은 풍경이었다. 사람이 겨우 앉거나 누울 수 있는 높이의 막대기 네 개를 꽂아놓고 비닐을 씌운 비좁은 곳에서 가족 여럿이 음식을 해 먹고 자는 모습들이 보였다.

하우라 철교 위에서 도비가트를 내려다보면, 뙤약볕에서 수많은 사람이 쉬지 않고 지저분한 물이 담긴 물통 속에서 빨래하는 모습이 보인다. 그런데 세상에서 더 이상 지저분할 수 없을 것 같은 세탁장 위에서 펄럭이며 마르고 있는 빨래들은 어찌나 선명하고 깨끗해 보이던지, 대조되는 모습이 인도를 상징적으로 보여주는 듯했다.

뭄바이에는 한때 빌 게이츠를 제치고 세계 최고의 부자 자리에 오른 적이 있는 인도 최고의 부호 무케시 암바니의 집도 있다. 한눈에 봐도 초호화 빌딩으로

5인 가족이 사는 집에 일하는 사람들만 5백 명이 넘는 다고 한다.

언젠가 어느 인도 부호의 자녀 결혼식에 할리우드 스타들부터 당시 이재용 삼성전자 부회장도 참석했다는 뉴스를 들은 적이 있었는데, 바로 그 가문의 집이었다. 헬기 착륙장이 세 군데나 있다는 60층 높이의 빌딩을 돌면서, 바로 하루 전에 보았던 천막촌이 떠올랐다. 인도는 현세의 삶은 전생의 결과이므로 자신에게 주어진 삶에 큰 불만 없이 받아들이고 산다고 한다.

공용어로 지정된 언어만 22개이고 실제로는 1천 6백여 개의 언어를 쓰는 나라 인도, 세상이 너무 신비해서 수천 개의 신이 존재한다는 인도. 인간인지 동물인지 모를 삶들이 공존하는 인도의 사상과 철학은 공허한 사람들에게는 희망을 주며 습관적인 자만과 욕심에 빠진 사람들을 마음껏 비웃어주기도 한다. 신성과 수성이 혼재하고, 신과 성자와 사기꾼과 동물들이 뒤엉켜 나름의 질서와 균형을 이루는 뿌연 도시의 나라 인도의 모습은 영원히 잊지 못할 것이다. 전생을 믿고 다음 생을 믿는다는 건 얼마나 아름다운 환상인가. 시간의 한계에 갇혀 각박하게 사는 사람들에게 얼마나 여운을 주는 환상인가?

불과 몇 년 전이었지만 인도를 떠올리면 아주 오래전 머나먼 곳에서 잠시 꿈을 꾸고 온 듯하다. 그 감상을 류시화의 글 한 줄로 대신한다.

"살아 있는 동안에 세계와 만나고 자기 자신과 뜨겁게 해후한 자는, 어디에도 머물지 않고 끝없이 걸어 자기의 집에 이르는 자는 행복하여라."[18]

아프리카, 카보베르데

여행은 설렘이다. 여행은 자기라는 실체를 잊고 다시 태어난 듯 새로운 시간과 공간이 주어지는 것이다. 일상에서 형성된 의식들이 새로운 공기와 섞이는 순간, 기분 좋게 자기 부정이 가능해지는 것이다. 그러니까 시간의 법칙과 공간의 법칙을 넘나들 수 있는 또 다른 세계를 만나는 것이다. 여행은 일상의 현실로부터 나를 떼어놓을 수 있고, 그래서 가식 없는 자연의 상태로 되돌아가는 것이기도 하다. 또한 여행지에 따라서는 물리적 거리를 넘어 시간 여행이 되기도 한다. 여행지의 풍경에 따라 우리가 살고 있던 곳으로부터 먼 과거로 또는 미래로 온 듯한 기분 좋은 착각을 불러일으킨다.

　작년에 아프리카 서쪽 해안에 위치한 섬나라 카

보베르데에 다녀왔다. 공연 투어와 여행으로 많은 나라를 다녔지만 아프리카라는 땅은 처음 밟아본 것이다. 나는 아프리카에 첫발을 내딛는다는 것에 의미를 두며 떠나기 전부터 몹시 흥분하고 있었다. 미지의 세계는 꼭 대단히 아름다워서 눈이 즐거워야 하는 것이 아니며, 그 자체로 무한한 영감이다. 나는 원래 그곳이 어디라 해도 처음 걸어보는 낯선 거리를 좋아한다.

카보베르데의 첫인상

여행을 떠나기 전 카보베르데라는 나라에 대해 살펴보던 중, 구글이나 다른 포털 사이트에서 자주 보이는 '발견되었다'라는 표현이 어딘가 부조리하다는 생각이 들었다. 원래 그 땅에 살고 있던 사람들을 서구 국가들이 학살하고 마음대로 식민지로 삼았음에도 여전히 아프리카의 많은 나라들이 발견되었다고 설명된 것을 보면서, 우리는 아직도 서구 중심적인 관점으로 구성된 세상에 살고 있구나 하고 생각하게 되었다.

　카보베르데가 유럽에 처음 알려진 시기는 1456년으로, 포르투갈 국왕이 개인 소유지로 삼았던 곳이다. 이후 1963년 포르투갈 해외령이 되었다가 1975년 7월 독립하였다고 한다. 그래서 그런지 연결 비행기도 리스본을 경유하게 되어 있었다. 카보베르데는 서아프리카 북대서양에 위치하면서 열다섯 개의 크고 작은 섬으로 구성된 나라다. 섬에서 섬으로 다니면서 그 섬마다 전혀 다른 풍경을 보는 재미가 있었다. 기대했던 사자나 코끼리가 보이지는 않았지만, 낮은 수심의 바다를 걸어 들어가 아기 상어들이 수영하는 모습을 보는 것만으로도 신기했다.

대부분의 거리는 비포장도로로, 우리나라의 1970년대 느낌도 있었다. 관광사업이 주된 나라이니만큼 호텔 주변이나 풍경들이 유럽과 크게 다르게 느껴지지 않아 살짝 실망 아닌 실망을 했지만, 야자수들과 습한 기온은 확실하게 달랐다. 그리고 소금 광산 옆의 염도 높은 호수에 들어가 둥둥 떠다니며 여유를 만끽하기도 했다. 수영을 하는 게 아니고 그저 편하게 눕기만 하면 몸이 저절로 떠서 하늘을 바라볼 수 있다니……. 그리고 독일에서는 좀처럼 맛볼 수 없는 신선한 해산물 요리도 이번 여행의 즐거움이었다.

황량해 보이는 들판, 거대한 바위처럼 보이는 높은 산등성이에 드문드문 보이는 시멘트 집들과 빨래를 널고 있는 아낙들, 그 곁에서 노니는 아이들, 거리를 어슬렁거리는 주인이 있는지 없는지 모를 어딘지 배고파 보이는 동물들……. 그리고 씨앗 한 톨 싹트지 않을 것처럼 메말라 있는 들판 위에 가끔씩 사뮈엘 베

케트의『고도를 기다리며』에 나올 법한 앙상한 나무가
보였다. 그 황량한 들판과 메마른 나무는 딱 베케트의
『고도를 기다리며』무대처럼 보였다.

카보베르데는 누가 봐도 한눈에 물이 귀하다는
걸 느낄 수 있었다. 의외로 호텔의 물은 깨끗했는데 증
류수를 쓰기 때문이라고 했다. 바다에 뛰어들며 천진
하게 노는 아이들의 피부가 저녁의 지는 햇살에 반짝
이고 있었고, 파도 소리와 아이들의 웃는 소리가 너무
나 평화로워 보였다. 한때 가난한 나라들을 가면 불쌍
하다는 단순한 연민이 들었는데, 언젠가부터는 그들의
삶을 자본주의에 물든 잣대로 함부로 재단하고 동정하
는 것도 얼마나 편협한 시선인지 돌아보게 되었다.

함께 여행하던 미국인 친구가 섬을 떠나기 전에
PCR 검사를 받아야 해서 현지인이 운전하는 차를 타
고 보건소 같은 곳으로 이동했다. 친구가 검사를 받는
동안 운전을 해준 카보베르데인 청년과 이야기를 주고
받았다. 그가 먼저 한국은 우크라이나-러시아전을 어
떻게 보는지, 독일은 어떻게 생각하는지 물어왔다. 나
는 원인은 상관없이 전쟁을 먼저 시작한 러시아가 전
세계에서 지탄받는 것이 당연하다고 했다. 그러면서
도, 미국이 오로지 자국의 이익을 위해 그 많은 전쟁을
일으킬 때는 왜 세상이 지금처럼 미국을 지탄하지 않
았을까도 생각해본다고 했다.

그리고 우리는 한 치 앞을 알 수 없게 돌아가는 세상 이야기들을 나눴다. 그러면서 의외로 생각이 통하는 짧은 대화가 신기하고 기특하다는 생각에, 너는 어떻게 온 미디어가 떠드는 이슈에 함몰되지 않고 그런 생각을 하게 되었냐고 물으니, 자신은 되도록 미디어를 보지 않고 생각을 많이 한다고 했다. 언젠가부터 우리가 미디어에 조종당하는 것 같아서 되도록 다양한 창구로 정보를 얻고, 정보를 그대로 수용하기보다는 스스로 생각하려고 노력한다고 했다.

조금 거창하게 들릴지 모르겠지만 그 청년을 보면서 "악이란 뿔 달린 악마처럼 별스럽고 괴이한 존재가 아니며, 사랑과 마찬가지로 언제나 우리 가운데 있다. 그리고 파시즘의 광기로든 뭐든 우리에게 악을 행하도록 계기가 주어졌을 때, 그것을 멈추게 할 방법은 '생각'하는 것뿐이다"[19]라고 했던 독일의 정치 철학자 한나 아렌트를 떠올렸다. 요즘 같은 세상에 스스로 생각할 줄 아는 것이 무엇인가를 생각해보게 된다. 미디어의 정보를 그대로 받아들이기보다, 카보베르데 청년처럼 스스로 생각할 줄 아는 힘을 기른다는 것은 얼마나 중요한가?

카보베르데의 작은 섬들을 오가며, 해가 뜨고 지고 달이 뜨고 지면서 시시각각 변하는 하늘을 올려다보고 마치 처음 보는 것처럼 태양, 달, 별을 오래오래

바라보았다. 그 순간들을 기억하고 싶어서였을 것이다. 그 밤하늘을 보며, 문득 아프리카의 비극적인 역사 속에서도 끈질기게 살아남은 사람들, 진화하고 있는 사람들에 대한 이야기가 떠올랐다.

아프리카의 눈물

아프리카는 우리에게 가장 선입견이 많은 곳 중 하나일 것이다. 나는 카보베르데라는 나라보다는 아프리카를 처음 가본다는 것에 의미를 더 두게 되었는데, 나라 이름을 떠올리기보다는 아프리카라는 단어가 주는 어감으로 뭔가 더욱 머나먼 새로운 땅을 밟는 느낌이 들었다. 아프리카의 어느 나라 사람으로서는 별로 기분 좋은 이야기는 아닐 것이다. 예를 들어 누군가 우리에게 한국이 어느 나라인지는 중요하지 않고 그저 아시아라고 부른다면 어떨까? 누군가 한국에 가면서 한국에 간다고 말하기보다 아시아에 간다고 말한다면 그다지 유쾌하지는 않을 것이다.

아프리카처럼 오랜 시간 비극적인 역사를 견딘 대륙도 드물 것이다. 14세기 후반부터 아프리카 흑인을 노예로 만든 유럽인들, 그중에서 벨기에가 고무 농장에서 아프리카인들을 노동 착취하면서 할당량을 못

채우면 손목을 잘랐다는 이야기는 유명하다. 15세기에 시작된 노예무역, 18세기 이후 제국주의 열강이 아프리카 흑인을 영구 노예화하겠다며 시작된 정신적 노예화 작업은 유럽 한복판에서 벌어진 인종 전시로까지 이어진다. 흑인이 백인보다 열등하다는 가설을 세워놓고 그것을 증명하기 위해서 저질렀던 잔인한 실험들은 너무나 비극적이다. 물론 가설은 한 번도 입증되지 않았다.

어느 미국 역사학자는 "콜럼버스가 신대륙을 발견하기 전, 아프리카인들은 이미 그들만의 항해술로 대서양을 왕래하고 아메리카의 땅에 살고 있었을 것"이라고 했다. 이처럼 스스로 문명을 발전시키던 아프리카에 불행의 씨앗이 퍼진 건 제국주의 열강과의 만남 이후였다. 노예무역으로 수많은 아프리카인이 목숨을 잃고, 터전을 빼앗기고, 약탈당하고, 끊임없는 침략을 당했다. 아프리카 스스로의 힘으로 독립하여, 제국주의 열강이 만든 식민지 이전의 상태로 돌아가 하나의 대륙이 되자는 '범아프리카주의' 운동이 있었지만 그 꿈은 쉽게 이루어지지 않았다. 제국주의 열강들이 떠나면서 자신들의 꼭두각시를 지도자로 세우거나, 그들이 멋대로 나눠놓은 국경선 때문에 민족 간의 갈등과 내전이 계속됐기 때문이다. 아프리카에 대한 이미지는 대부분 서구에 의해 조작된 것이다.

아무리 있는 그대로 보고 느끼려고 해도 그동안 쌓인 아프리카에 대한 선입견을 지운다는 것은 어쩐지 불가능해 보였다. 이번 여행에서 우리 중에 아프리카를 있는 그대로 느끼고 본 사람이 몇 명이나 될까?

파스칼 키냐르의 책 『심연들』에는 "수메르의 아카디아인들한테는 미래가 몸 뒤에 있었다. 눈앞에 있는 것이 과거였다. 등 뒤에 턱 버티고 있는 것은 파도처럼, 야수처럼, 불어난 강물처럼 물밀듯이 닥쳐올 문제들이다. 거기서 그대로 반회전하면 살아온 모든 것이, 가령 부모, 스승, 끔찍한 것들이 자기 뒤로 왔다"[20]라는 문장이 있다. 오랜 시간 아프리카를 지배했던 끔찍한 역사들이 아프리카 여러 나라의 발목을 잡고 다가올 미래가 되지 않기를 바라본다.

멕시코 공연기

우리는 누구나 자기만의 선입견 속에 산다. 모두가 각자 보고 듣고 접한 세상 안에서밖에 말할 수 없기 때문이다. 나의 생각들은 그런 선입견의 작은 산물이니 이를 인지하고 또 다른 선입견이 생기는 걸 경계하려고 해도 쉽지 않은 것 같다.

수많은 나라와 도시를 다녔지만 그런 선입견이 크게 깨진 나라가 멕시코였다. '멕시코'라고 하면 할리우드 영화 속에 자주 나오는, 범죄를 저지른 사람들이 마지막 도피처로 가는 곳이었고, 어딘가 무정부적이면서 숨어 지내기 좋은 나라 정도의 이미지가 전부였다. 더구나 첫 멕시코행은 일단 공연이 목적이다 보니 아무런 사전 정보도 없이 떠났고, 어쩌면 그래서 마주치는 모든 상황과 풍경들이 더욱 특별했는지도 모르겠다.

2014년 11월 5일부터 12월 7일까지, 멕시코 과달라하라에 머물며 네 명의 여성 안무가들이 함께하는 〈우먼, 보디Woman, Body〉라는 컬래버레이션 작업을 진행했다. 〈우먼, 보디〉는 여성의 몸과 몸이 담고 있는 기억들에 관한 이야기로, 멕시코 무용가 가브리엘라, 헝가리 무용가 바타리타, 여승이었다가 부토[21] 댄서가 된 일본계 태국인 소노코, 그리고 나까지 모여 부다페스트에서 초연을 했고 멕시코 투어까지 진행했다. 1부는 각자의 솔로 공연을 하고, 2부는 합동 공연을 하는 형식이었다. 중간중간 워크샵 일정까지 챙기며 그 모든 것을 성사시킨 가브리엘라의 노력과 수고로 우리 네 여자는 부다페스트 공연 이후 몇 개월 만에 다시 과달라하라에서 뭉치게 되었다.

그 당시 멕시코는 교사 임용 차별에 반대하며 시위하던 사범대 학생 43명이 실종되는 사건과 함께 워낙 치안이 엉망인 나라로 악명 높았기에, 주변에서는 나의 멕시코행을 걱정 어린 눈으로 바라보는 분위기였다. 하지만 한창 우중충한 독일 초겨울 날씨에 공연 의상과 소품 그리고 여름옷을 챙기며 나는 이미 기분부터 업되고 있었다. 같은 시간에 한여름으로 날아갈 수 있다는 것만으로도 설렜던 것이다. 우리가 한 달간 머무는 숙소를 호텔로 잡기엔 무리가 있어, 가브리엘라와 그녀의 파트너인 시인 호르케와 절친한 부부의 집에 머물기로 하였다.

집주인 에마누엘은 대학 서적과 예술 서적 출판사를 경영하고 있었고, 부인은 주얼리 디자이너였다. 삼대에 걸쳐 물려받은 오래된 집은 시간과 정성이 고스란히 느껴지는 분위기였고, 아름다운 정원이 마치 비밀의 정원처럼 수줍게 집 안 깊숙이 자리하고 있는 것이 인상적이었다. 겉에서 보면 모던하지만 내부는 고풍스러운 꽤나 큰 저택이었다. 그리고 시내에서 그리 멀지 않은 비교적 안전한 동네였고, 매일 오는 하우스키퍼 아주머니가 우리 방 청소와 빨래까지 도맡아 해주어 과분할 정도였다.

우리는 각자의 나라에서 먼 길을 날아와 반갑게 재회했고, 〈우먼, 보디〉를 어떻게 재정비할지 계획을 세웠다. 부다페스트에서는 뮤지션이 함께 무대에 올라 공연했지만, 과달라하라에서는 녹음된 음악으로 공연해야 했다. 라이브 음악으로 공연할 때는 뮤지션과 퍼포머가 함께 호흡하면서 어느 정도는 즉흥적인 여유를 부릴 수 있지만, 녹음된 음악으로 할 때는 정확하게 타이밍을 맞춰야 했다. 그리고 중간중간에 있는 짧은 대사들도 스페인어로 바꾸기로 했고, 작품에 쓰는 소품들도 멕시코와 연관된 것으로 찾아보기로 했다. 또 지난 초연 때 공연 영상을 보면서, 네 사람이 모두 무대에 서느라 간과할 수도 있었던 디테일한 부분을 짚고 넘어가기로 했다.

연습 시간 외에도 중간중간에 라디오와 TV 인터뷰가 잡혀 있었다. 과달라하라 시 문화부에서 지원하는 만큼, 미디어 홍보도 아주 체계적이었다. 첫 인터뷰 장소는 문화부 건물 정원이었는데, 기자들이 모여 질문하고 취재하는 모습에서 우리 작품에 진지한 관심을 가지고 있다는 것을 느낄 수 있었다. 그리고 두 번째 주에는 세계적인 멕시코 건축가 루이스 바라간이 지은 과달라하라 대학에 소속된 문화의 집에서 시인 호르케의 시 낭송과 강연이 있었는데, 우리 프로젝트 후원의 밤을 마련한 것이었다. 세계적인 마술사 후디니에 관한 시집을 판매한 수익이 우리의 공연에 기부되는 행사였다. 그날 보았던 과달라하라 시내 거리 곳곳에 있는 연두색 빛을 띤 라임이 주렁주렁 달린 나무들은 꽤나 이국적이었고 싱그럽게 느껴졌다.

타팔파에서 만난 예술가들

공연 홍보 활동과 함께, 주중에는 무용 전공자를 위한 워크샵을 열거나 공연 연습을 하고, 주말이 되면 가까운 곳으로 짧은 여행도 떠났다. 우리는 가브리엘라의 오랜 친구분의 집에 초대받아, 고도 1천 950미터에 위치한 타팔파라는 아주 오래되고 고풍스러운 전통가옥들이 있는 작은 마을을 방문했다. 달리는 차 창밖으로는 광활한 테킬라 들판, 온갖 선인장들이 자라는 사막, 반짝이는 호수 등 웅장한 자연 경관이 펼쳐지고 있었다. 이렇게 좋은 기후에 풍요로운 자연을 가진 이 나라는 대체 왜 그토록 가난하며 끝없는 사회적 문제들이 산재해 있는 것일까 하는 생각들이 순간순간 스쳤지만, 창밖의 풍경을 보다 보니 어느덧 목조로 된 테라스가 둘러진 스페인풍의 시골집에 도착하였다.

좁은 길목 안에 오래된 나무로 만들어진 대문을 열고 들어가니 진홍빛의 꽃밭, 옥수수밭, 온갖 과일나무들이 보였다. 그 사이를 걸어 더 안쪽으로 들어가니 대자연이 펼쳐져 있었다. 마당 안으로 들어서는 듯했는데 집 안에 멀리 보이는 산이 연결되어 있는 것이었다. 우리는 조각가인 그분의 작업실과 커다란 옛날식 부엌과 거실을 구경하며 인사를 나누었다. 그분이 정성스럽게 준비한 저녁은 멕시코 전통 음식으로, 바로 눈앞의 정원에서 직접 가꾸고 수확한 채소와 과일로 만든 음식이 주메뉴였다. 식사는 벽에 걸린 부인의 가족사진 이야기로 시작되었다. 그분의 남편은 존경받는 유명 정치가였지만, 반대파로부터 살해당하고 자식 중에 두 명도 사고로 세상을 떠났다고 했다. 잠시 숙연해 지던 분위기 속에, 그분이 재치 있게 국제적인 옛 남자 편력을 자랑하며 나라별 남자들의 성향을 비교한 덕에 우리는 모두 웃었다. 우리 중 한 사람이 역시나 여러 나라의 전 남자 친구들 이야기로 맞장구를 치자, 다시 큰 웃음이 터져 나왔다.

저녁 식사가 끝나고 우리는 이 작은 마을을 구경하러 나섰다. 작은 당나귀를 타고 지나가는 노인이나 낡은 트럭 뒤에 어린아이들과 키우는 개와 가축들이 가족처럼 함께 타고 지나가는 모습을 보면서 독일에서는 상상도 못 할 이색적인 분위기를 즐기며 동네를 걷고 있는데, 허름한 작은 집 안에서 멜랑콜리한 듯하면서도 강렬한 음악이 생생하게 들려왔다. 그 작고 어두침침한 집 안을 들여다보니, 한눈에 봐도 가족처럼 닮은 열 명 내외의 남자들이 멕시코 전통 음악 같은 구성진 음악을 연주 중이었다. 우리는 잠시 들어가 구경해도 되는지 묻고 그 좁디좁은 집 안으로 들어가 한쪽 벽에 겨우 끼어 앉았다.

이들은 사대째 내려오는 음악가 집안으로 타팔파에선 아주 유명하다고 했다. 아주 낡은 기타, 첼로, 바이올린을 연주하면서 노래까지 정말 기막힌 그들의 공연에 우리는 연속 앙코르를 외치며 시간 가는 줄 몰랐다. 이들은 단 한 번도 음악 학교에 가본 적이 없고, 아버지가 아들에게 전수하며 대를 이어 음악을 한다고 했다. 그리고 흙으로 지어진 낡은 집이 연습실이었다. 이들은 타팔파 시내 레스토랑이나 거리에서 연주한다고 했다. 가장 나이 들어 보이는 할아버지의 구성진 노래와 천진하게 행복해 보이는 이들의 표정과 멕시코의 슬픈 현실이 겹쳐졌고, 어둡고 쾌쾌한 이 작은 집과 밖에서 너무나 찬란하게 빛나는 햇살이 대비되어 나도 모르게 눈시울이 뜨거워졌다.

동화 같은 가브리엘라 친구분의 집에서 하룻밤을 묵은 다음 날, 오래된 바위라는 유적지를 돌아보았다. 어마어마한 바위산 중턱에서 가장 큰 바위를 겨우 기어 올라가 한참 동안 햇살을 쬐며 누워 있었다. 어제의 구성진 음악가 가족의 연주가 귓가에 맴도는 듯했고, 왠지 모르게 그들의 연주가 그 작은 마을에서만 연주되기에는 너무 아깝다는 생각이 들었다.

과달라하라 공연

드디어 과달라하라에서 하는 첫 공연 날이 왔다. 공연 당일에 라디오 인터뷰가 있었는데, 생방송이라 다들 은근히 긴장했지만 방송국 스튜디오로 들어서는 순간 사회자 중 한 명이 한국말로 "안녕하세요"라고 큰 목소리로 활기차게 맞아주면서 긴장은 금세 풀렸다. 경쾌하고도 화기애애한 분위기 속에서 우리 공연의 취지와 목적이 방송되었다.

그런데 무엇보다 우리를 긴장하게 만든 일은 따로 있었다. 그날은 하필이면 멕시코의 혁명기념일이었고, 전국 곳곳에서 시위가 벌어지는 날이기도 했다. 실종되었던 43명의 학생들이 모두 사체로 발견되어 나라 전체가 슬픔과 비탄에 빠져 있었기 때문이다. 사회 부패와 부조리함의 극치에서 학생들의 학살 사건은 멕시코인들의 분노에 불을 지폈다. 멕시코 정부는 이날 음악이나 파티를 자제하고 되도록 거리에도 나가지 말라고 당부했다.

우리는 멕시코 정부의 발표를 듣고, 공연을 어떻게 할지에 대해 진지하게 회의했다. 그날 주요 도로들이 막히고 거리는 데모의 물결로 넘쳐 나겠지만, 그런 상황에도 우리의 인생은 계속되어야 하듯이 쇼도 계속되어야 한다고 결정했다. 우리는 준비한 의상은 그대로 입고 공연하되, 우리의 마음도 시위자들과 한뜻이라는 의미로 한쪽 팔에 검은 리본을 달기로 했다. 불과 몇 명의 관객이 온다 해도 공연을 진행하기로 한 것이다. 그리고 그날 극장 리허설 중 밖에서 들려오는 웅장하고 기괴하기까지 한 함성 소리에 나는 충격을 받았다. 극장 밖으로 나가지 말라는 극장 관계자의 당부에도 살짝 문을 열고 밖을 보니, 어마어마한 인파가 구호를 외치며 행진 중이었다. 우리가 공연하는 극장 '라르바'가 시내 중심 대로변에 있었기에 그 엄청난 현장을 그대로 볼 수 있었다. 나는 가슴이 떨리고 진정이 되질 않았다. 희생된 43명의 학생들 사진과 피켓을 들고 그동안 쌓였던 핍박과 설움을 토해내는 그들의 함성 소리에 가슴이 먹먹했다. 과달라하라 사상 초유의 몇십만 명이 모인 행진이었다고 하니, 그 현장은 그야말로 난생처음 보는 잊을 수 없는 광경이었다.

공연장에 도착한 관객은 공연 시작 네다섯 시간 전에 출발해서 극장에 도착했다고 한다. 처음엔 예약도 많았고 백 퍼센트 극장 점유율을 기대했던 우리로선 정부의 발표 이후 서너 명이 와도 공연을 진행하자고 했는데, 팔십 퍼센트 정도의 관객이 와준 것만으로도 놀라웠다. 많은 도로가 차단된 상태에서 엄청난 데모 인파를 뚫고 와준 관객들은 너무나 특별했다. 공연 시작 전 시인 호르케는 혁명과 관련된 자작시를 낭송했다. 우리가 왜 이런 상황 속에서 공연을 하는지에 관해 설명하고, 우리의 마음은 시위에 참여하는 이들과 함께한다는 안내와 함께 공연이 시작되었다.

솔로 공연은 제각각 다른 스타일의 이야기였다. 부토 댄서인 소노코의 작품은 거의 무음에서 하는 공연이었기에 거리의 함성이 극장 안을 뚫고 들어와 공

연 내내 마치 효과음처럼 음악처럼 깔려 그녀의 공연
과 묘하게 하나가 되었다. 중간중간 관객들이 흐느끼
기도 했다. 그날의 공연에서는 관객과 우리 사이에 어
떤 특별한 전류가 흘렀다. 공연이 끝난 뒤, 말은 통하
지 않아도 관객 한 사람 한 사람과 서로 꼭 안으며 교
감을 나누었다. 관객과의 토론 시간도 있었는데, 내가
첫 번째 질문의 대상이었다. 적극적으로 토론에 임하
는 관객들은 이 작품에서 한국의 무엇을 보여주고 싶
었는지를 궁금해했다. 〈우먼, 보디〉는 여성의 몸에 대
한 이야기였지만, 아무래도 여러 나라의 안무가들이
모인 공연이다 보니 어떤 한국적 정서를 가지고 작업
했는지가 궁금했던 것 같았다. 나의 대답은 이러했다.

"나는 창작하는 사람으로서 작품을 하고 표현할
때 단 한 번도 내가 한국인으로서 무엇을 보여주어야
하는가에 대해 고민을 해본 적이 없다. 내가 고민하고
표현하는 모든 것들은 그것이 어떤 것이든 간에 한국
적이지 않을 수 없기 때문이다."

세상에서 가장 아름다운 곳

모든 공식 일정이 끝나고, 우리는 마지막으로 가브리
엘라가 태어나고 자란 곳인 자팔라라는 도시으로 2박

3일의 짧은 여행을 떠났다. 우리가 과달라하라에서 머물렀던 집주인 에마누엘이 몇 년 전 그곳에 지은 별장을 기꺼이 빌려주었다. 넓은 정원에 수영장이 있고, 멀리 봉우리가 높게 치솟은 산이 보이고 뒤로는 호수가 있는 기막힌 풍경을 안고 있는 멋진 현대식 집이었다. 우리는 특산물을 파는 예쁜 상점들을 둘러보고 장을 봐서 요리도 했다. 정원에서 수영을 하며 온몸이 따갑도록 그을리는 줄도 모르고 각자의 삶과 앞으로 나아갈 예술의 비전, 그리고 사랑에 관한 이런저런 이야기를 나누었다.

여행에는 어떠한 목적이 있을 수밖에 없지만, 산책은 아무런 목적 없이 걸을 수 있기에 나는 여행지에서 하는 산책을 무한히 사랑한다. 공연도 끝났고 어떤 의무도 책임감도 없이 낯선 거리를 햇살을 듬뿍 받으며 걷는 시간이라니. 더구나 자팔라가 특히나 인상적이었던 것은 길목마다, 집집마다, 작은 상점마다 자유롭게 그려진 벽화였다. 눈부신 햇살을 받아 더욱 화려하게 과감한 색깔로 빛나는 다양한 벽화들이 온통 시선을 사로잡아 정신을 차릴 수 없을 지경이었다. 프리다 칼로의 나라 멕시코답다는 생각을 했다. 이후에 멕시코시티에 있는 프리다 칼로 박물관도 들렀지만, 지금도 자팔라 거리에서 본 독특한 화풍의 벽화들이 기억 속에 강렬하게 남아 있다.

낮은 집들의 지붕 위에서 사람들을 내려다보고 있던 개들의 모습도 특이했다. 그 길을 지나던 나는 심심하던 차에 어디선가 나타난 인간을 구경하는 개들의 시선을 받는 사람이 된 것이다. 요즘처럼 인간들의 취향에 맞춰 사느라 학교를 다니거나, 불편한 옷을 걸치거나, 때로는 신발까지 신어야 하는 개들보다 그런 불편한 것들을 수행하지 않아도 되는 자팔라의 개들은 어딘지 행복해 보였다.

자팔라에는 가브리엘라의 할머니 이름을 딴 거리가 있다. 그녀는 이 지역의 유지로서 지역 사회 발전에 공헌한 게 많으신 분이라고 했다. 가브리엘라의 할머니는 생전에 세상의 많은 곳을 다니셨는데, 세상에서 가장 아름다운 곳이 자팔라라는 것을 깨닫고 이곳으로 돌아와 여생을 마치셨다고 한다. 온 세상을 돌아다니다가 나이가 들어 자기가 태어나고 자란 곳으로 돌아가는 이유가 '세상에서 가장 아름다운 곳'이기 때문이라고 느낀다는 것은 어떤 것일까?

햇살에는 분명 사람들을 행복하게 하는 무엇이 있는 것 같다. 그런데 1년 내내 따뜻한 나라들은 대부분 가난하지만, 그들의 행복지수는 잘 사는 나라들보다 높다고 한다. 멕시코에서의 협업은 문화가 다른 우리 네 여자들이 하나의 작품을 완성한 시간이기도 했지만, 무엇보다 많은 영감을 받은 시간이었다. 예술을 사랑하고 따뜻하고 열정적이며 수다를 좋아하는 낙천적인 사람들, 그리고 아름다운 자연의 나라 멕시코는 내가 선입견에 얼마나 무지했었는지를 깨닫게 해주었다.

〈우먼, 보디〉

시간 여행의 도시, 파리

해마다 파리에 사는 친구를 만나러 가는 것이 연중행사 중 하나였는데, 어쩌다 보니 코로나로 인해 2년 만에 파리에 다녀왔다. 내가 살고 있는 뒤셀도르프에서 파리까지는 5백여 킬로미터 정도이고, 차를 가지고 이동하면 하루에 독일, 네덜란드, 벨기에, 프랑스 네 나라를 거치게 된다. 이번에는 오랜만에 기차를 타고 다녀오기로 했다.

여름 같지 않은 유난히 쌀쌀한 날씨를 고려해 짐을 차분히 싸고 집을 나섰건만, 기차를 타기 바로 직전에야 스마트폰을 집에 두고 온 걸 깨달았다. 울상이 되어 기차를 타는 나를 보며 배웅 나온 파트너의 얼굴이 걱정과 안타까움으로 더욱 애절했다. 이 기회에 스마트폰 없는 여행을 즐기면서 아날로그 감성을 느껴보라는 그의 위로의 말은 내게 들리지 않았다. 위로는커녕 현실적인 걱정들이 앞섰다. 심지어 가방을 가볍게 하려고 노트북도 두고 온 데다가, 평소 자주 연락해야 하는 공연 기획팀, 가족, 지인들과도 일주일 동안 완전히 소통이 끊어지는 것이다. 머릿속에 기억나는 전화번호도 없고, 메일 주소 비밀번호도 기억이 안 나고(중요한 것들은 스마트폰에 저장되어 있으니), 메일을 확인할 수도 없는 상황으로 일주일을 보내게 된 것이다. 더구나 늘 사진으로 일상을 기록하는 내가 여행지에서 사진도 찍을 수 없게 되었다.

스마트폰의 부재와 가스통 바슐라르

그런데 내가 누구인가? 어떤 상황에서도 나에게 유리한 쪽으로 생각을 바꾸는 데는 도가 튼 긍정적인 사람이 아니던가? 잠시 몇 분간 속상했지만 곧 침착하게 생각을 고쳐먹고 창밖으로 흩날리는 빗방울을 보면서 생각에 잠겨보았다. 걱정해서 해결될 일이면 좋겠지만, 내가 할 수 있는 게 아무것도 없을 때는 그 순간을 잘 이용해서 즐기는 수밖에 없다는 결론에 도달했다.

그리고 집에 가면 스마트폰에 저장된 메일 비밀

번호와 중요한 전화번호나 기록들을 꼭 따로 노트에 적어놔야겠다고 생각했다. 만약에 스마트폰을 집에 두고 온 것이 아니라 잃어버렸다고 가정한다면 아찔한 것이다. 사실 가장 확실한 것은 아날로그다. 디지털로 보관된 자료들은 하드웨어가 없어지면 복원이 불가능하다는 것을 알고 있으면서도 당분간 안전하다는 안일함에 그렇게 하지 못했다. 깨닫고 생각하는 걸로는 늘 부족하다. 행동으로 즉시 옮기지 않으면 다 소용없는 것이다.

아무튼 오랜만에 기차를 타고 가는 시간은 특별했다. 빠르게 역동적으로 달리는 기차 안, 바깥세상과의 소통이 차단되고 시간과 공간에 갇힌 상태에서 내게 주어진 길은 자기 안으로 들어가는 것뿐이었다. 세상에 존재하는 모든 것은 멈춰 있는 것이 없다. 어딘가를 향해 끊임없이 움직이는 속성을 가지고 있는 것이다. 심지어 사물들도 그대로 있는 것 같지만 사실은 움직이고 있다. 가스통 바슐라르는 『공간의 시학』에서 "무한은 우리들의 내부에 있는 것이다. (…) 우리들은 움직임 없이 있게 되자마자, 다른 곳에 가 있게 된다. 우리들은 무한한 세계 속에서 꿈꾼다. 무한은 움직임 없는 인간의 움직임이다"[22]라고 한다. 내면의 무한이라니, 얼마나 정확하고 철학적이면서도 사실적인 이야기인가? 이 답답한 상황을 본질적으로 생각하다 보니 재미있어졌다.

시간과 공간에 갇히고 나니 움직이려는 속성이 무한의 내면으로 파고들게 하여 이런저런 상념에 빠져들었다. 어느덧 프랑스로 접어들었다는 현실감이 든 것은 검문을 하면서부터였다. 팔에 타투를 하고 캐주얼한 복장에 권총을 찬 무리가 좁은 기차 안을 우르르 지나갔다. 그 모습이 처음에는 사뭇 테러리스트들처럼 보이기도 했고 어떤 위압감이 느껴졌지만, 곧 그들이 사복 경찰이라는 걸 알 수 있었다. 그래도 분위기는 어딘가 살벌했다. 누군가를 찾고 있는 듯하기도 했다. 만약에 저들이 무기로 무장한 테러리스트고 우리가 저들에게 제압된 상황이라면 어떻게 되는 걸까, 쓸데없는 생각을 하면서 창밖을 보니 어느덧 파리 북역에 도착했다.

도시마다 특유의 공기와 냄새와 색깔이 있다. 파리에서는 갑자기 많이 보이는 불어를 쓰는 흑인들, 역 입구의 무장 경찰들(프랑스에 테러가 잦기 때문인 듯하다), 야외에 테이블이 늘어선 카페들, 그리고 생각보다 많은 관광객에 놀란다. 워낙 스마트폰의 길 찾기 기능만 믿고 다니다가 갑자기 벽에 붙어 있는 복잡한 지하철 노선도를 한참 동안 보면서 친구의 집으로 가는 길을 찾으려니 진땀이 났다. 그렇게 겨우 목적지인 친구의 집에 도착했다.

쌓이는 먼지는 쌓이는 시간

친구와는 문자로 자주 연락하지만, 눈을 마주 보고 직접 이야기를 나눌 수 있는 즐거운 수다의 시간은 특별하다. 아이를 키우기 때문이기도 하겠지만 무질서한 친구의 거실에 정감이 간다. 어딘가 정신없이 어질러진 그녀의 집 안에 들어서자, 친구는 프랜시스 베이컨의 이야기를 들려주었다. 베이컨은 30년간 청소를 하지 않았다고 한다. 책상 위로 쌓이는 먼지는 시간이 쌓이는 것이기에, 시간을 지켜보기 위해 그렇게 오랫동안 먼지를 치우지 않았다는 것이다. 너무 멋지다고 공감하면서, 그동안 서로 느낀 세상에 관한 이야기들을 늦도록 나누었다. 나는 최근에 본 마틴 스코세이지 감독의 다큐멘터리 〈도시인처럼〉에서 작가 프랜 리보위츠가 했던 이야기를 들려주었다. 경매장에서 피카소의 그림이 나오면 다들 침묵하다가, 가격이 정해지면 그 숫자에 박수를 치는 걸 보면서 놀랐다고 하는 그녀의 신랄한 현대사회 풍자와 유머에 관해서였다.

우리는 다소 두서없이 정치, 철학, 코로나 사태에 대한 나라마다 너무나 다른 대응에 관해서도 이야기를 나누었다. 예를 들면, 프랑스에서는 백신을 강요하는 정책에 반대하는 시위가 격렬하게 일어나는 동안 한국은 백신 확보가 부족하다며 불평하고, 독일에서는 백신을 맞으라 하지만 의사들조차 개인적으로 백신을 불신하는 사람들도 있다. 심지어 젊은 사람들은 차라리 코로나에 걸렸다가 자연 치유되는 것이 백신을 맞는 것보다 위험이 적을 수 있다며 코로나 환자들을 찾는다는 글을 올리기도 한다. 하루 확진자가 2만 명이던 네덜란드에 갈 일이 있었는데, 실내외 모두 아무도 마스크를 쓰지 않아 혼자 마스크를 착용한 나만 코로나 환자 같아서 머쓱했다.

개인의 자유를 가장 우선시하는 문화적 배경의 사람들이라지만 그야말로 혼돈의 코로나 시대인 것 같다. 인터넷 알고리즘으로 인해 극단화되어 가는 세상에서 백신을 신용하는 사람들과 불신하는 사람들로 나뉘는 현상도 나타나고 있다. 코로나 시대의 이런 현상들은 그야말로 형이상학적이기까지 하다.

어떤 주제도 자유롭게, 즐겁게 대화할 수 있는 친구는 나이가 들면서 더욱 소중하다. 늘 직접 커피를 내려 마시던 친구가 새로 커피머신을 들여놓았는데, 못 보던 브랜드였고 사용법이 불편해 보이길래 "그 흔하고 편한 네스프레소 커피를 사지 왜 이런 걸 샀어?" 하고 나도 모르게 한마디 던졌다. 그러자 친구는 자신은 대기업보다는 되도록 중소기업 제품을 사주려 한다고 했다. 왠지 오래가지 못할 것 같고 디자인도 마음에 안 든다는 나의 고정관념은 뒤로하고라도, 친구의 그런 신념이 멋지다고 생각했다.

건축 사무실에 다니는 친구 부부는 코로나가 시작되고부터 전기자전거를 타고 출퇴근한다고 했다. 나도 전기자전거를 타고 친구의 뒤를 쫓아 복잡한 파리 시내를 달렸다. 그녀가 일하는 동안 나는 자유롭게 파리 시내를 유유자적 걸어 다니며 중간중간 카페에 앉아 펜으로 종이에 끄적이기도 하고 들고 간 책을 읽기도 하면서 파리를 느꼈다.

워낙에 사진 찍는 걸 즐기는 사람인데 핸드폰이 없다 보니, 의외의 집중력이 생기고 스쳐 가는 풍경들이 좀 더 머릿속에 깊이 각인되는 듯했다. 하루는 파리 12구에 있는 뱅센 숲을 걸었는데, 생각보다 숲이 너무 커서 길치인 내가 구글 맵도 없이 걷다가는 길을 잃을까 두려워 깊이 들어가지는 못하고 조금 걸어 들어가 벤치에 앉아 쉬고 있었다. 마른 나뭇가지, 젖은 풀, 피어나는 꽃, 이미 만개해 떨어진 꽃잎, 낙엽 냄새가 맑은 공기와 뒤섞여 말로는 형용할 수 없는 향기가 폐 속으로 깊숙이 들어오는 것만 같았다. 그리고 어디선가 멀리서 맑은 물이 흐르는 소리까지 들려왔다. 하나의 의무 또는 습관 같은 것을 내려놓으니 또 다른 감각이 열렸다.

파리, 그리움

파리는 나에게 그리움이다. 나보다 먼저 유학 생활을 시작한 동생이 파리에서 연극을 공부할 때 동생의 집을 방문하곤 했는데, 그 축축한 겨울을 함께 보내며 느꼈던 시간들이 늘 아련하게 기억 속에 있기 때문이다. 동생이 사고로 세상을 떠난 후, 파리에서 하루하루 보고 느끼는 것들을 편지로 써서 보내주었던 봉투를 들고 발신인 주소를 찾아 동생이 걷던 길을 걸으며 그리움을 달래던 때도 있었다. 그때의 공간은 돌아갈 수 있지만 시간은 돌아갈 수 없음을 절감하면서 말이다.

파리는 시간이라는 마법에 걸려, 아포리즘처럼 내게 열려 있다. 그냥 펼치고 싶은 장이 열리고 그렇게나 오래전 시간들의 기억과 추억들이 바로 어제 일어났던 일처럼 되살아나기도 한다. 카페에 앉아 있으면 저쪽 골목에서 긴 머리, 긴 머플러, 긴 코트 자락을 휘날리며 동생이 나타날 것만 같다. 지금도 가끔 꿈속에서 보이는 그 애는 이십대 중반에 머물러 있다. 애타게 그리운 망자가 꿈속에서 살아 나타나는 것은 신비하다. 꿈에서 깨어나서야, 동생에게 하고픈 말이 이렇게 많은데 왜 꿈속에서조차 그 말을 못 하고, 한 번 안아주지도 못하고 그렇게 사사로운 일로 분주하다가 깰까, 하면서 안타까워한다.

지독하게도 춥던 어느 날, 감기가 들어 동생이 살던 다락방에 누워 그 애를 기다리던 시간들, 시몬 드 보부아르와 사르트르가 자주 갔었다는 생제르맹 거리의 카페에서 잘 피우지도 못하는 '지탄'이라는 독한 담배를 피우며 연기에 취해 떠들던 비현실적인 시간들, 나는 알아듣지도 못하는 〈세상의 모든 아침〉, 〈고백L'Accompagnatrice〉, 〈베로니카의 이중생활〉, 〈퐁네프의 연인들〉 같은 프랑스 영화를 함께 보고 돌아오던 길, 일요일 아침에 천둥 같은 커피 내리는 소리에 깨어보면 잘 차려입고 기품있게 커피를 마시던 그 애의 뒷모습, 그리고 동생을 통해 잠시 만났던 지인들, 동생이 살던 다락방을 찍겠다며 매일 오가던 포토그래퍼, 익명으로 글을 쓰던 어느 사형당한 정치가의 숨겨진 아들이라고 하던 사람까지, 아, 현실은 얼마나 드라마틱한가. 이런 저런 추억들이 너무나 생생하게 되살아나 오히려 현재에 집중할 수 없는 도시가 파리다. 그렇게 파리는 언제나 나에게 시간 여행이다.

　　가끔 동생 이야기가 내 입에서 무심한 듯 나오거나 나의 글 속에 나올 때, 그저 지나간 슬픈 가족사의 기억처럼 들릴지 모르지만 동생에 대한 그리움과 아픔은 언제나 현재 진행 중이다. 시간이 지나면 무뎌진다는 것은 거짓말이다. 솔직히 지금도 미치도록 그 애가 그립고 미치도록 슬프다. 이렇게 내 마음을 글로 쓰고 나면 언어는 너무나 부족하고 제한적인데 또 달리 표현할 길은 없다.

그렇게 잠자는 시간도 아까워할 정도로 열심히 살았고 바보스러울 정도로 정 많고 착해빠졌던 그 아이는 왜 그렇게 말도 안 되게 일찍 죽어야 했을까? 그 아이의 육신은 화장으로 재가 되었다지만, 그렇게 생생하던 목소리와 우울할 때조차 열정으로 가득했던 그 에너지는 어디로 갔을까? 그리고 유난히 외로움을 타고 겁도 많던 그 아이는 어떻게 혼자 그 먼 길을 갔을까? 아빠는 동생의 삼일장 동안 술만 진탕 마시며 이성을 잃었는데, 마지막에 동생 관이 내려가는 순간 벌떡 일어나 동생 이름을 큰 소리로 목놓아 불렀다. 마치 떼를 쓰는 어린아이처럼 마구 울부짖던 그 소리는 나에겐 세상에서 가장 슬픈 소리로 남았다.

동생은 아들을 애타게 기대하던 집안에 그리 반갑지 않은 셋째 딸로 태어났고, 바로 남동생이 태어나는 바람에 너무 어린 나이에 부모님의 우선순위에서 밀려나 있었다. 사랑의 결핍으로 목말라하던 그 아이는 어린 시절 돌멩이들을 주워다가 이름을 지어주고 소중하게 간직하며 수시로 이야기를 나누었다. 그 아이의 말에 누구 하나 귀 기울여주지 않았기에, 동생은 그렇게 스스로 자신의 말을 들어줄 상대를 만들어내고 종교처럼 거기에 매달렸다.

그러다가 그 믿음과 의지가 글을 익히면서 책과 연극으로 가게 된 것 같다. 다른 공부에는 관심이 없던 그 아이의 손에서 떨어지지 않는 것은 온갖 종류의 다양한 책이었다. 그 애의 고독은 그 애를 책과 연극에 몰두하게 했다. 인생에 유일하게 위안과 위로가 되어주는, 그리고 집중할 수 있는 유일한 그녀만의 세상이었던 것이다. 동생은 이야기 속의 캐릭터가 되어서 집중할 때 비로소 존재했고, 가끔 자신이 빠진 책 속의 시대적 배경과 현실을 구분하지 못했다. 심각한 정도는 아니어서 아무도 눈치채지는 못했다. 아니, 눈치를 챌 만큼 그 아이를 주의 깊게 봐주고 들어주는 이는 아무도 없었다.

세 살 아래였던 동생이 같은 초등학교에 입학한 후, 어느 날인가는 동생과 함께 집으로 와야 했다. 그런데 내가 정신없이 친구들과 놀다가 집에 혼자 오고 말았다. 엄마가 "동생은?"이라고 묻자 그제야 동생을 두고 왔다는 사실이 떠올랐다. 나는 너무 놀라 미친 듯이 학교로 뛰어갔다. 거리가 꽤 되는 길인데 혹시 나를 기다리다가 혼자 걸어오고 있지는 않을까, 아직은 좀 얼른 동생이 길을 잃었으면 어쩌나 하고 자책하는 마음으로 달려가보니, 동생은 텅 빈 학교 운동장 그네에 혼자 덩그러니 앉아 나를 기다리고 있었다.

이십대가 되어 내가 독일에서 공부하던 시절 어

느 겨울날 그 애가 방문했는데, 갑자기 쏟아지는 눈 때문에 약속한 시간에 공항에 나갈 수가 없었다. 모든 기차가 무한히 연착된 것이었다. 핸드폰도 인터넷도 없던 시절 약속 시간보다 거의 여섯 시간 늦게 공항에 도착했는데, 동생은 목석처럼 서서 나를 기다리고 있었다.

원망 한 번 없이 무작정 기다리고 무한하게 바라보고 내게 기대어준 동생에게 조금만 더 귀 기울여줄걸, 조금만 더 배려해줄걸, 조금만 더 사랑해줄걸, 조금만 더 오래 안아줄걸, 어쩌면 나는 그렇게도 냉정하고 무심했을까? 용서해주렴. 나를 위해서가 아니라 너를 위해서……. 이토록 부질없는 아쉬움과 슬픔은 앞으로 남은 날 동안 나의 몫이다.

내가 죽는 날 마지막 순간에 나의 의식이 허락해준다면, 다음과 같은 마지막 기도를 하게 될 것 같다. 아주 간절하게 저승에서라도, 어떤 찰나라도 내게 그녀를 안고 미안하고 사랑한다고 한마디만 전할 수 있는 순간을 허락해달라고 말이다. 바람처럼 스쳐 갈 수만 있어도 이제는 표현할 수 있을 것 같다.

파리지앵, 내 친구 김나영

나에게 파리가 특별한 또 다른 이유는 그동안 내 작품

의 무대미술을 맡아준 건축가 김나영 씨가 그곳에 살고 있기 때문이다. 새로운 작품을 시작할 때 첫 스태프 미팅은 늘 파리에서 시작되었다. 파리 라 빌레트 국립 건축 학교에서 건축을 공부하고, 소르본 대학에서 예술철학으로 석사를 마치고 리옹 대학에서 박사과정까지 한 나영 씨는 무대미술을 너무 하고 싶어 파리에 왔다고 한다. 그녀는 내가 콘셉트의 초안을 잡을 때 하고 싶은 말, 표현하고 싶은 요점을 늘 집요하게 질문하여 끌어내주고 상상력을 자극하게 해주며, 논리가 부족한 내가 마구 쏟아내는 느낌을 좀 더 명확하게 이끌어주는 동지이다.

우리는 〈메종 바로크〉라는 작품으로 만난 이후 의기투합해서 〈베케트의 방〉, 〈문워크〉, 〈미팅 유〉, 〈울프〉 네 편의 작품을 함께했다. 〈미팅 유〉라는 작품은 이상한 나라의 앨리스와 어린 왕자가 만나는 이야기였는데, 나영 씨는 앨리스 역할인 나의 의상을 위해 천을 잘라 연결해서 굵은 실로 만들고, 그 실을 손으로 뜨개질하는 방식으로 의상과 무대 세트를 만들었다. 그렇게 힘들게 제작된 의상은 춤을 추고 회전하는 동안 다 풀려 긴 줄이 되었는데, 그 줄을 허공에 사각형으로 걸면 문이 되기도 하고 어린 왕자와의 연결 고리도 되는 콘셉트였다. 매번 연습하고 공연할 때마다 풀리는 건 순식간이었고, 다시 만들려면 두 시간씩 걸리는 중

노동을 해야 했다. 이 공연으로 뉴욕, 일본, 캐나다, 독일, 한국을 투어했는데, 나영 씨는 고된 작업에 코피를 흘린 적도 있었다.

　어느 날인가 파리에서 콘셉트 회의를 하고 독일로 돌아가던 날, 우리는 파리 북역 카페에 앉아 이야기를 나누고 있었다. 나영 씨는 어쩌다 건축을 공부하게 되었지만, 늘 공연에 대한 목마름으로 무용 공연을 찾아다니며 보았다고 한다. 좋은 공연을 보고 나면 1년 동안 먹지 않아도 배가 고프지 않을 정도로 충만하고 행복한 에너지를 받았다고 한다. 그래서 아무리 작업이 힘들어도 자기 안의 상상력을 동원해서 무대를 만들고 그 상상이 실현될 때 행복했기에 나에게 감사하다고 했다. 고백하건대 나영 씨의 무대는 늘 가내 수공업처럼 작업해서 과정이 조금 힘들고 엉뚱해 보여도, 무대가 작품 안에 깊숙이 들어와 함께 유동적으로 움직일 수 있었기에 특별히 그녀의 무대를 좋아한다. 더구나 늘 헌신적이던 그녀의 노고에 대해서는 말할 것도 없이 감사하고 있다.

　정작 나를 울컥하게 한 이야기는 따로 있었다. 나영 씨가 파리 유학 시절 건축 공부를 하던 중, 신문에서 어느 연극 공연 팀이 스태프를 구한다는 광고를 보고 무작정 찾아갔었다고 한다. 그곳은 바로 내 동생이 출연하는 연극 작품이었고, 나영 씨는 그 공연에 스태프로 참여하게 되었다. 긴 코트 자락을 휘날리며 늘 바쁘게 살던 동생의 모습이 인상적이었다고 했다. 그리고 나영 씨가 동생을 마지막으로 본 것은 퐁네프 다리 위에서였다. 동생은 이오네스코의 〈대머리 여가수〉를 보러 가는 길이었고 나영 씨는 책을 사러 헌책방으로 가던 길이었다. 훗날 동생이 한국에서 지방 공연을 마치고 돌아오던 길, 교통사고로 세상을 떠났다는 소식을 듣고 나영 씨는 한동안 충격에 빠졌다고 했다. 결국 우리는 서로를 알기 이전에, 아니, 그녀가 나를 만나기 이전에 이미 동생을 알고 있었던 것이다. 아, 우연을 가장한 필연들은 현실에서도 불쑥불쑥 튀어나오기 마련이다.

인생은 만남이 전부다.

인생은 과정이 전부다.

나는 개인적으로 전부다, 라는 표현을 좋아한다. 그리고 정말 그렇게 생각한다. 매 순간순간이 늘 처음이자 마지막이기에 전부가 아니면 아무것도 아닌 게 되어버리는 것 같아서……

파리에서, 나의 동생

여자들의 수다

여자들만의 수다는 소소한 일상 중에 큰 행복이다. 여자들의 수다는 가볍고, 무겁고, 진지하고, 때로는 비극적인 이야기들까지 뒤섞여, 마치 하루에 사계절이 다 있는 독일의 4월처럼 다이내믹하다. 가끔 오랜 친구들이 모이면 마음 놓고 누군가를 안주 삼아 이야기하는 조금은 경박한 재미도 쏠쏠하지만, 이제 중년의 나이가 되고 보니 모두가 경험 속에서 이해 안 될 것이 없다고 느껴져서 그런지, 누군가를 도마 위에 올려놓는 수다는 어느덧 사라졌다. "나는 인간이다. 따라서 인간의 어떤 면도 내게는 낯설지 않다"라고 했던 고대 로마의 희극작가 테렌티우스의 말처럼 말이다.

주변인을 이야기하기보다, 한때는 경외감으로 바

라보던 시대적 인물의 사상이나 예술 작품, 건축물을 찬미하고 감히 비판할 수 있는 수다가 훨씬 즐겁다. 마음껏 경배하고 우상화하다가 비판을 가해도 특별히 죄책감 없이 집으로 돌아올 수 있으니 말이다.

예를 들면, 한때 프랭크 게리의 건축을 너무 좋아해서 그의 건축을 찾아다니며 춤을 추고 영상 작업을 한 적이 있었다. 그런데 어느 날 파리의 루이비통 재단 미술관을 가보고 실망했다. 특유의 곡선을 살린 건축은 스페인 빌바오의 구겐하임 미술관 이후로는 어쩐지 그 아류 같은 느낌마저 들 뿐만 아니라, 화려한 디자인에 비해 내부에 너무 쓸데없이 버려진 공간이 많아 아깝게 느껴졌기 때문이다.

루이비통 재단 미술관이 유행 지난 패션 같은 느낌이었다면, 밀라노 근처에 있는 렘 콜하스의 프라다 재단 미술관은 여전히 현대적인 미적 감각의 공간감에 놀랐다. 그리고 로테르담에 있는 그의 마켓 홀은 전통시장과 주거 아파트의 환상적인 조합으로 언제 보아도 감동적이다. 건축에는 문외한인 한 사람의 지극히 주관적인 비평일 뿐, 아무런 영향력도 없기에 편하게 떠들 수 있다.

이제는 친구들의 아이들도 다 성인이 되었고, 결혼하지 않고도 몇십 년째 부부처럼 사는 친구, 사별하고 재혼했다가 다시 이혼한 친구, 또는 이혼을 두 번이나 겪은 친구들이기에 아이들 교육 문제나 남편과의 갈등 문제에서도 이전보다 자유로워졌다. 예전에는 커플 사이에 갈등이 있으면 서로 이렇게 저렇게 양보하거나 어떻게 해보라고 장황하게 이야기했지만, 이제는 상대방은 바뀌지 않는다는 걸 인정하고 그대로 평생 살거나 아니면 지금이라도 끝낼 건지 결정하면 된다고 말해줄 정도로 조언은 단순해졌다.

희망은 인생의 중요한 동기가 되지만 때로는 극복해야 하는 대상이기도 하다. 희망 없이도 행복할 수 있는 삶이야말로 얼마나 실존적인가 말이다. 그 단순함은 다양한 복합적인 경험과 고난을 겪은 사람들의 연륜에서 나오는 혜안이라고 우기면서, 우리는 제법 단순한 결론에 이르기를 좋아하게 되었다.

나이가 들어갈수록 수다의 테마가 다양해지면서 진짜 맛난 수다, 그러니까 대화의 즐거움은 더욱 깊어진다. 각자의 가족사, 정치나 환경 문제, 때로는 정말 기억도 못 할 쓸데없는 잡담에서부터 여자들만이 공유할 수 있는 〈섹스 앤 더 시티〉 같은 은밀한 이야기까지, 대화의 소재와 주제는 끝이 없다. 가끔 정치적으로 민감한 이슈의 경우 상대방을 설득하려다 생각지 못한 이상기류가 잠시 흐르기도 한다. 다름을 받아들이려 노력하지만 그게 생각보다 쉽지는 않다. 특히나 내가 좋아하고 늘 얼굴을 보고 살아야 하는 가까운 가족이

나 친구들처럼 긴밀한 관계를 유지하는 사람들에게는 더욱 힘든 일이다. 자신과 다른 생각, 다른 관점을 존중하면서도 '나에게 강요만 하지 않는다면'이라는 전제 조건 아래 어떤 것도 받아들일 준비가 되어 있는데, 그런 전제 조건까지는 아직 어쩌지 못한다.

가령 세계적으로 미투 운동이 시작되었을 때, 우리는 미투 운동을 지지함과 동시에 거짓으로 타인의 평판을 훼손하는 여자들도 있다는 불편한 진실도 이야기한다. 미투 피해 여성들만큼이나 그 반대의 여성들도 있다는 것이다. 환경 문제에 관련해서도, 독일은 전기차를 국가적으로 권장하는데 과연 전기차가 정말 환경에 도움이 되는지, 그 많은 전기를 충당하기 위한 발전소에서 나오는 유해 물질은 어떻게 처리할 것인지, 심지어 사고가 나면 문이 열리지 않는 전기차의 위험성은 어떻게 할 것인지에 대해 고민해봐야 한다. 끝없이 새로운 이슈를 만들고 소비를 지속시키는 자본주의 시스템에 우리가 얼마나 충실하게 살고 있는지, 미디어와 세상 사람들이 한결같이 쏟아내는 것들에 대해 한 번쯤은 다른 각도로 생각해볼 필요가 있는 것이다.

아무튼 얼굴을 마주하고 목소리의 톤을 듣고, 호흡을 느끼고, 흔들리는 눈동자를 바라볼 수 있는 수다의 맛은 문자를 주고받거나 소셜미디어에서 몇백 개의 '좋아요'를 받는 것과는 비교할 수 없다. 요즘처럼 과도하게 숫자로 연결된 디지털 관계보다, 그렇게 일부러 시간을 내서 같은 공간에서 같은 공기를 마시며 특별한 목적 없이 나누는 대화들은 너무 소중하고 행복한 시간이 아닐 수 없다.

우리는 똑같은 유전자를 지닌 인간이 아니기에, 생각하고 지각하는 방식이 같을 수 없고 누군가를 절대적으로 이해한다는 것은 불가능하다. 하지만 우정이, 친밀한 관계가 좋은 것은 서로를 이해할 의지가 있기 때문이다. 결국은 의지의 문제이고, 이 의지는 억지로 생겨나는 것이 아니라 함께 공유했던 지나간 시간 속에서 생겨나는 것이므로 오래된 친구들은 너무 소중하다.

세 친구

독일에서 만난 중요한 친구들 중에 가장 오래된 친구는 브리타이다. 브리타는 흔히 무뚝뚝하다고 여겨지는 독일인답지 않게 감정이 풍부해 눈물도 많고, 쉽게 행복에 빠지고, 쉽게 절망에도 빠진다. 브리타를 처음 만났을 때 나는 새로운 독일 생활에 적응하는 유학 초년생이었고, 그녀는 한창 교육 대학을 졸업하고 교생 실습을 하던 때였다.

브리타는 가끔 자신이 선생님이 되는 게 맞는가 하는 자조적인 질문으로 방황하곤 했는데, 지금은 너무나 훌륭한 초등학교 선생님이다. 여행을 가서도 문구점이나 서점에 들러 새로운 것을 발견하면 수업에 활용할 생각에 무언가를 열심히 사들인다. 늘 아이들에게 어떤 주제를 어떻게 하면 더 흥미롭게 가르칠 것인지 골몰하는 그녀를 보면서, 그 열정에 내심 박수를 보내곤 했다. 한번은 브리타의 수업에 초대받은 적이 있었는데, 쉬는 시간에 아이들이 브리타에게 달려가 안기며 엉겨 붙는 모습을 보면서 그녀가 얼마나 사랑받는 선생님인지 알 수 있었다.

우리가 이십대일 때는 휴가 때마다 브리타가 좋아하는 작가 친구 샬루이스의 집이 있는 스위스로 여행을 가곤 했다. 자연을 사랑하는 그녀는 늘 스위스를 동경했다. 휴가 동안 샬루이스 집에 머무는 조건은 단한 가지, 그가 어질러놓은 테이블이나 부엌을 치우면 안 된다는 것이었다. 샬루이스는 정리된 집에 있으면 불안해진다고 했다. 그리고 그는 엄청 많은 새를 키우고 있었는데, 새의 소리만 듣고도 이름을 알았고 가장 괴상한 소리를 내는 새에게 유명한 가수 이름을 붙여주기도 했다. 그는 1년에 한 번 크리스마스 전에 미용실을 가는데, 마치 악마와 천사 같은 전후 사진으로 크리스마스 카드를 보내온다.

브리타는 결혼 후 평소 바람대로 정형외과 의사 남편을 따라 스위스 뇌샤텔에서 5년간 살게 되었는데, 정작 살고 싶었던 나라에서 살아보니 생각보다 녹록지 않더라고 고백했다. 산악인 기질의 스위스 사람들은 관광객 외지인들에게는 친절했지만, 막상 자기들의 땅에 들어와 사는 외국인에게는 그렇게 호의적이지 않았다고 한다. 그녀는 지금은 독일로 돌아와 고향인 츠빙겐베르크 숲속의 집에서 살고 있다. 정원과 산이 연결되어 있는 지점에 작은 사우나를 만들어, 우리는 가끔 산 아래로 보이는 마을을 보면서 그곳에서 수다를 떨었다. 브리타는 가끔 자기중심적일 때가 있지만, 막상 큰일 앞에서는 몸과 마음을 다해 어려움에 처한 사람들을 도와주는 이타심과 인정이 많은 친구다. 우리는 가깝지도 않지만 그렇게 멀지도 않은 거리를 오가며 함께 시간을 나눈다. 그리고 몇 년 전부터는 다시 이십대로 돌아간 것처럼 1년에 한 번씩 설레는 여자들만의 여행도 하고 있다.

다른 친구 안나는 설명하자면 소설 한 편 써야 하는 인생 스토리를 가지고 있다. 안나가 기억하는 어린 시절, 꽤 유명한 자유로운 영혼의 예술가였던 아버지는 늘 부재했고, 어머니는 그 허전함을 엄청난 양의 독서로 채우는 조금은 특이한 사람이었다고 한다. 아버지가 어머니 곁을 떠난 후 안나가 불과 열 살이 되던 해 어머니가 자살했고, 그녀는 여기저기 떠돌며 살았다. 안나는 아버지만 같고 어머니가 다른 이복형제들이 여럿 있었지만 가족의 결속력을 한 번도 느껴보지 못하다가, 피아니스트인 이복 오빠를 만나게 되면서 특별한 유대 관계를 맺고 안정을 찾았다. 그 오빠의 부인도 피아니스트였는데, 두 사람은 피아노 콘서트를 다니며 행복하게 살았다고 한다. 그러던 어느 날, 오빠의 부인이 갑자기 교통사고로 죽고 장례를 치른 이후 오빠도 큰 상심으로 인해 사랑하는 아내를 따라 자살했다. 안나의 불안과 불행은 계속되다가 남편을 만나면서 다시 안정을 찾는다. 그리고 안나의 아들과 내 아들이 어릴 때 공원에서 만나 놀다가 둘이 친구가 되면서 우리도 자연스레 절친이 되었다.

큰 사업을 하는 안나의 남편은 독일에서 하는 내 공연도 후원해주었고, 여행도 함께 다니며 돈독한 친구가 되었다. 그 시절, 공연과 아들의 학교 축제가 주로 같은 시기에 잡혀 엄마의 역할이 필요할 때 내가 부재했는데, 안나 부부는 나의 공연을 늘 지지해줄 뿐만 아니라 기꺼이 엄마 역까지 도맡아주었다. 둘 다 회사도 나가지 않고 아들의 학교 축제 기간 내내 함께해주고 비디오와 사진을 찍어서 남겨주곤 했다. 그러나 친구의 인생을 가장 행복하고 안정적인 삶으로 인도하던 그조차 어느 날 갑작스럽게 암으로 세상을 떠났다. 안

나의 남편이 암으로 병원에 있을 때, 도저히 집에서 잠을 잘 수가 없다며 한밤중에 찾아와 나의 침대에서 유난히 큰 키를 웅크리고 잠을 자던 그녀는 어린아이 같았다. 아버지의 피를 물려받아 예술가적 기질이 풍부한 그녀는 갑자기 남편을 떠나보내고 남편이 남긴 사업을 이어 나가면서, 경제적으로는 풍족해도 불안증에 치료를 받아야 했다.

유난히 어린 시절부터 가까운 가족들의 죽음을 지켜보던 그녀는 언젠가 관에는 왜 죽고 나서야 들어가야 할까를 생각했다고 한다. 아주 좋은 나무로 특별하게 짠 관을 미리 제작해, 취향대로 집에 놓고 다양한 용도로 쓰다가 죽고 나면 그 안에 들어가는 건 어떨까 하고 말하는 친구에게 나는 그 독특하고 창의적인 아이디어가 너무 멋지다고 했다. 나부터 그런 관을 미리 주문해 집에 두고 있으면서 친밀하게 사용하다가, 나중에 그 관에 들어가는 것도 좋을 것 같았다. 무엇이든지 친구의 손을 거치면 이 세상에 하나밖에 없는 멋진 작품이 된다는 걸 알기 때문이다.

안나는 차츰 안정을 찾아가며, 예술가적 재능을 발휘하는 독특한 작품들로 자신의 집을 그녀만의 세상으로, 그녀만의 동굴로 만들어가고 있다. 우리는 지금도 안나의 컬러풀한 부엌 한쪽에 라디오를 작게 켜놓고 같이 요리하고 와인을 홀짝이며 이야기를 나눈다.

또 다른 친구 다니엘라는 화가다. 나보다도 심하게 초긍정 마인드인 그녀는 유대인 아버지와 독일인 어머니 사이에서 태어나 어린 시절을 이스라엘에서 보냈다. 다니엘라는 잘 팔리는 작품보다는 진짜 자기가 원하는 작품을 그려보고 싶다고 할 정도로 꽤 잘나가는 작가다. 그녀는 요제프 보이스와 백남준이 교수로 있던 시절 쿤스트 아카데미에서 공부했던 자신이 운 좋은 사람이라고 했다. 언젠가 그녀는 생일 선물로 그림을 줄 테니 마음껏 골라보라고 했다. 그녀의 카탈로그를 신중하게 살펴보던 중, 그림에 꽤 일가견이 있는 파트너가 다니엘라의 부엌에 걸린 그림에 그녀의 자유로움이 가장 잘 보인다면서 마켓에 나와 있는 그림 말고 그걸 택하라고 일러주었다. 듣고 보니 정말 그렇게 보였다. 다니엘라는 그 그림은 팔려고 그린 것도 아니고 누군가에게 주려고 그린 것도 아니지만, 약속은 약속이니 기꺼이 선물로 주겠다고 했다. 다른 그림을 선택했다면 갤러리에 소속되어 있기에 팔지 않아도 몇 퍼센트는 자신도 돈을 내야 하는 상황이었다고 했다. 그 선택에 우리는 모두 흡족했고 나는 감사한 마음으로 그림을 모서 왔다.

다니엘라는 20년 전부터 베네치아 비엔날레에 출품하고 거절당하기를 반복했는데, 포기하지 않고 나는 왜 안 되냐는 연락을 끈질기게 시도하다가 결국 초대 작가로 선정되었다. 어찌 보면 예술가에게 재능은 너무나 당연한 것이고 그다음은 끈기와 열정의 문제인 듯하다. 무엇보다 절실함으로 포기하지 않고 끝까지 두드리는 그 열정 말이다.

그녀는 가끔 인도나 페루 같은 곳으로 아주 긴 여행을 떠나곤 했는데, 친구들을 초대해서 여행 중에 찍은 영상을 상영하는 파티를 열기도 했다. 가끔은 너무 세상을 이상적으로만 보려는 그녀의 돈키호테적인 시선에 참지 못하고 브레이크를 걸기도 하지만, 나의 직설적인 견해에 대해서도 겸연쩍은 웃음으로 받아들이는 그녀는 나이가 들어도 여전히 소녀처럼 사랑스럽다.

또 다른 친구 부부

아들끼리 유치원 시절부터 친구가 되어 자연스럽게 오랜 시간 친구로 지내게 된 부부도 있다. 그들은 내 주변에서 가장 이상적인, 평범하고도 행복해 보이는 가족의 모습이었다. 외아들인 우리의 아이들이 워낙 형제처럼 자라온 사이였고, 내가 공연으로 집을 비울 때면 그 부부는 기꺼이 서재로 쓰던 방을 말끔히 치우고 아들 유진이의 방을 만들어놓고 보살펴주었다.

그러다 아이들이 대학을 가던 해, 갑자기 남편이

부인을 더 이상 사랑하지 않는다는 이유로 집을 나가 이혼 절차를 밟고 있다고 했다. 눈물로 밤을 지새는 부인을 찾아가거나 우리 집으로 불러 그녀를 위로해주었다. "혹시 알아? 지금은 이렇게 슬퍼도 훗날 아이 아빠에게 너무 고마워하게 될지 말이야. 네가 지금보다 훨씬 더 행복한 인생을 찾게 될지 모르니까." 그랬더니 자신은 젊은 날 남편에게 양보하며 자신의 커리어도 포기하고 살다가 이제 와서 중년이 되어 혼자가 되었다며 억울하다고 했다.

중간 이야기를 건너뛰고, 지금 그녀는 스페인계 남자를 만나 재혼했다. 심지어 자신이 어떻게 그렇게 딱딱한 독일 남편과 20년을 살았는지 모르겠다며 행복에 겨워하며 잘살고 있다. 전남편도 새로운 파트너를 찾아 잘 지내고 있다. 그 집 아들은 처음에는 충격을 받았지만, 지금은 양쪽 부모님 집에 오가며 모두 행복하게 살고 있다. 결국에는 다 자기 자리를 찾는다. 물론 그다음에 어떤 드라마가 펼쳐질지는 아무도 모른다. 나중에 알고 보니 전남편은 집을 나갈 때 이미 여자가 있었다고 한다. 그 부부를 잘 아는 다른 지인들과 나는 어떻게 부인을 두고 다른 여자와 사랑에 빠질 수가 있어? 아니지, 행복하지 않아서 다른 사람을 사랑하게 된 거니까 남자만의 탓은 아니지 않아? 하고 이야기하기도 했다. 그렇게 같은 상황에서도 제삼자의 생각은 사실과는 관계없이 다 다르기 마련이다.

한 도시에도 수만, 수십만 편의 드라마가 펼쳐지고 있다. 다양한 인생, 각자의 드라마들이 진행 중이다. 친구들과 나는 나이가 들어도 여전히 단단하지 못한 말랑말랑한 자아 때문에 아직도 흔들리며 가고 있지만, 그 여정을 가까이, 때로는 멀리서 함께할 것이다. 특별한 일이 없어도 찾아가서 문을 쾅쾅 두드리면 아무 때고 문을 열어주고 차 한 잔 내어주는 친구가 있고 서로 마음 놓고 아무 이야기나 나눌 수 있다면, 그리고 그런 친구들이 곁에 있다면 나이가 드는 과정이 한층 풍요로워진다.

고대 그리스의 철학자 에피쿠로스는 이렇게 말했다고 한다. "한 인간이 일생을 행복하게 살 수 있도록 하기 위해 지혜가 제공하는 것 중에서 가장 위대한 것은 우정이다."

나이도, 성격도, 생각도 다른 친구들과의 소중한 우정을 통해 소소한 행복을 누리는 것이야말로 진짜 부자가 아닌가 생각하면서, 나는 새삼스럽게 또 행복하다.

ⓒ김윤정 그림을 그리는 다니엘라

방목한 아들의 성장기

교육에 정답은 없다. 자식을 키우면서, 또 네덜란드와 독일, 한국에서 학생들을 가르치면서 느낀 것이 딱 떨어지는 교육법은 없다는 것이다.

아마도 개개인의 타고난 유전적 성향과 각자의 사회적 환경이 다르기 때문일 것이다. 같은 부모의 교육을 받고 자라도 형제들이 제각각 다르게 받아들이고 다른 성향으로 자라는 것처럼, 어떤 특정한 교육법이 모두에게 통하는 길은 아니다. 그래서 개인적으로 아들의 성장 과정과 주변을 보면서 느꼈던 이야기들을 해보려 한다.

내 부모님 세대와 우리 세대, 그리고 요즘 젊은 세대의 가치관은 확실히 다르다. 사회적 배경과 가치는 늘 변하고, 시대에 따라 아이들이 선호하는 직업도 다양하게 변하고 있으니 말이다. 사실 세대 간의 차이나 상황을 비교하는 것은 그다지 의미가 없다. 우리 부모님 세대는 먹고살기 바빴기에, 당신들이 하지 못한 공부를 자식들에게 시킬 수 있는 것만으로도 부모 역할을 하는 시대였다.

누군가는 요즘 세대를 전쟁도 배고픔도 모르는 황금기에 자라난 세대라 하고, 또 누군가는 치열한 경쟁사회에 내몰려 살아남기 너무 힘든 세대라고도 한다. 요즘 사람들의 교육 방식을 보면 아이들이 어떻게 놀고 학습하는지까지 프로그래밍하여 하루의 일정을 총관리할 뿐만 아니라, 인생의 진로를 포함해 모든 걸 함께하려고 한다. 아이들이 그저 심심하게 있는 것을 용납할 수 없다는 듯, 스스로 놀거리를 찾고 생각할 틈조차 주지 않는다.

어찌 보면 그런 요즘 부모들이 참으로 이상적인 것 같기도 하다. 그런데 또 누군가는 우리 부모 세대 대부분이 자식들에게 친구가 되어주지 않았어도 우리가 알아서 잘 컸다고도 한다. 우리 세대에 훌륭하게 성장하거나 성공한 이들은 수없이 많다. 그런 걸 보면 교육은 이래야 한다는 정답은 역시나 없는 듯하다. 미국의 정치 철학자 마이클 샌델의 하버드 강의 영상을 보다가, '부모의 손을 완전히 떠나 혼자서 낯선 곳을 갔던 기억이 언제인가?'를 조사한 연구에 대해 알게 되었다. 놀랍게도 그 나이는 열세 살 또는 열네 살이었다. 실제로 현대의 젊은이들이 그만큼 독립이 늦어지고 있다는 연구도 보았다. 그러니까 신체는 어른이 되어도, 실제로 독립하여 스스로 생각하고 판단할 수 있는 시기가 그만큼 늦어졌다는 것이다.

위에서 성공한 이들이 수없이 많다고 말했는데, 사실 성공이란 단어를 쓸 때마다 조심스럽다. 성공의 정의나 의미는 너무나 주관적인 것임에도 불구하고, 성공이라고 하면 으레 떠올리는 프레임이 있기 때문이다. 대다수가 말하는 성공이라는 것과 비교하여 그 카테고리에 들어가지 못하면 낙오자처럼 인식하고, 멀쩡한 젊은 사람들이 불행해진다. 그런데 나도 이제야 내 인생의 주제는 무엇일까를 찾기 시작하는데, 우리는 얼마나 "너는 할 수 있다"라는 반⁺폭력적인 조언으로 젊은 사람들을 밀어붙이고 부모들의 바람을 아이들에게 심고 싶어 하는가? 심지어 어린아이들에게조차 말이다.

하지만 나도 아이를 교육하면서 그런 오류에 잠시 빠지기도 했다. 아들이 예술가가 되기보다는 좀 더 안정적인 직업을 가지면 어떨까 하고, 아들 앞에서 말을 한 적은 없지만 잠시나마 속으로 그런 생각을 한 적이 있었다. 그리고 성적표에 예민하던 때도 있었다. 지나고 보면 참으로 어리석은 순간이었다.

　부모는 모두 자식이 성공하기를 바라는 마음으로 교육을 시키지만, 과연 그 성공의 의미는 무엇일까? 우리는 성공이라는 개념을 다양화할 필요가 있다. 요즘처럼 치열한 경쟁의 시대에 젊은이들에게 희망이 없다고 하는데, 그 관점을 다시 볼 필요가 있다. 학과목에 '행복이란?', '자기 인생의 주제를 찾아가는 여정이란?' 같은 과목이 있으면 어떨까 싶기도 하다. 세상은 우리가 그것을 인지하고 인식하는 대로 존재한다는 것을 깨닫게 해주면 어떨까? 그래서 인생을 각자의 방식으로 즐기면서 행복하고 독립적으로 살 수 있는 길이 무한하게 다양하다는 것을 깨닫게 해주면 어떨까?

　내가 독일로 유학을 간다고 했을 때, 나를 아끼는 선생님들로부터 우리나라는 미국에서 공부하고 와야 학위를 더 인정받을 수 있으니 잘 생각해보라는 조언을 들었다. 그 시절 유학을 가면 학위를 받고 돌아와 교수가 되어야 한다는 고정관념이 부모와 선생님들에게 있었던 것이다. 그런데 미국에서 박사학위까지 밟고 한국에서 교수가 되어 안정적인 삶을 살았다면, 내가 살아온 이 값진 모험의 시간은 없었을 것이다. 지금도 나는 여전히 나의 이 위태로운 삶을 소중하게 사랑하면서 살고 있다. 그리고 그 어떤 안정적인 삶과도 바꾸고 싶지 않다.

베를린에서 음악을 하는 아들

김나지움에서 아비투어를 마치고 갭 이어 기간에 세상을 떠돌다가 돌아와 대학을 들어간 아들이 어느 날 대학을 그만두고 음악을 하겠다고 선언했다. 나는 공연으로, 아들은 교환학생으로 자주 떨어져 지냈지만 막상 아들이 자기의 길을 가겠다고 떠나는 날은 복잡 미묘한 감정들이 교차했다. 독일에는 "대학을 가기 위해 집을 떠나는 아이들과의 작별은 슬프지만, 더 슬픈 건 그 아이들이 다시 짐을 싸서 집으로 돌아오는 일"이라는 말이 있다. 그러니까 대학생이 되면 일단 성인으로서 독립의 길을 간다는 의미이기도 했다.

담담한 척해도 심란해하는 나의 마음을 눈치챈 아들이 어른스럽게 나를 위로한다는 말이 재미있었다. 자기 친구 중에 부모님 집을 나와 독립한 친구가 하는 말이, 가족과 따로 살게 되면서 비로소 진짜 가족이 되었다는 것이다. 함께 살 때는 서로 스트레스받고 짜증도 냈지만 떨어져 살면서 애틋해졌고, 오히려 만나면 더 제대로 대화하게 되었다고 했다.

나는 가끔 아들이 있는 베를린을 방문하고, 아들도 크리스마스 때나 집에 온다. 거리가 멀다 보니 1년에 두세 번 정도 만나는데, 그때마다 우리는 더욱 애틋하고 대화도 더 심도 있게, 더 많이 하게 되었다. 그리고 아들

집에 가보면, 온 세상을 떠돌면서 공연을 다니던 나의 이십대 시절이 떠올라 베를린 한복판에서 아들과 아들 친구들이 사는 모습을 관찰하는 재미가 있다.

아들은 동베를린 프리드릭스하인이라는 동네에 사는데, 일단 옛날식 건물이어서 천장이 매우 높고 나무 바닥도 낡았지만, 커다란 창문 밖으로 오래된 나무들이 보여 분위기는 아주 좋다. 스튜디오를 겸한 아들의 집은 젊은이들의 꿈과 열정 그리고 그들이 추구하는 지성과 자유가 역동적으로 꿈틀대고 있어, 그 한가운데 들어가면 마치 영화 속 한 장면을 보는 듯한 착각을 일으키기도 했다. 흐트러지고 지저분한 먼지가 창문을 통해 들어오는 바람과 햇살과 뒤섞여 누구라도 시인이 될 것 같았고, 굶어 죽어도 글을 쓰고 그림을 그리고 음악을 하고 사랑과 낭만을 위해 목숨을 바쳐도 좋을 것 같은 분위기였다. 베를린이라는 도시도 어딘가 정리되고 딱딱한 독일의 다른 도시들에 비하면 거의 아나키 같은 자유분방한 분위기에, 시공간을 초월한 무시점無視點의 드라마가 펼쳐지는 듯하다.

베를린 시내는 방을 구한다는 게 그야말로 하늘의 별 따기처럼 힘든 곳이다. 처음 아들이 베를린에서 오랫동안 집을 구하지 못하고 떠돌고 있을 때, 큰 음악 레이블 회사를 운영하는 부모님이 아파트를 샀다는 친구의 집에 방을 하나 빌려 집세를 내면서 몇 달간 있었을 때였다. 나는 "그 친구는 아직 이십대인데 벌써 자기 집이 있는 거네?"라고 했더니만, 아들은 "그래도 난 그 친구가 좀 안 된 것 같아. 그 친구의 정체성은 아직 그냥 부잣집 아들이야. 나는 적어도 내가 좋아하는 음악으로 내 인생을 찾아가고 있는 내 자신이 자랑스러워"라고 말했다. 진심으로 그렇게 느끼고 있는 아들이 대견했다.

그리고 이제야 들은 이야기지만, 베를린에 처음 도착해서 일이 년은 돈이 없어 굶기도 했었단다. 이제는 자신의 음악으로 집세를 내고, 갖고 싶은 것들을 사고, 가끔은 여자친구에게 멋진 저녁도 사줄 수 있어 행복하다고 했다. 나는 깜짝 놀라 "굶을 만큼 힘들었을 때 당연히 엄마한테 이야기를 했어야지, 왜 그랬어?"라고 했더니, 아들은 "엄마, 내가 이렇게 젊을 때 굶어보고 가난해보지, 언제 또 그럴 수 있겠어?"라고 대답했다. 내가 늘 강조하듯이 인생은 과정이다. 열정을 다해 즐기고 사랑하면서 건강하게 자신의 삶을 즐길 만큼만 독립적으로 살 수 있다면, 그 이상의 성공이 있을까?

일하는 엄마

스스로 평가할 때, 솔직히 나는 그다지 이상적인 엄마

는 아니었다. 아이가 한창 엄마를 필요로 할 때 유난히
공연이 많았고, 해외 연수에, 강의에 집을 많이 비워야
했다. 먼 길을 떠나야 하는 날 전날 밤, 아이가 집 문을
열 때 엄마가 안에 없다는 느낌이 너무 이상하다고 말
하던 그 아릿한 순간에도 어린 아들이 알아듣거나 말
거나 이렇게 말하곤 했다.

"미안해! 그런데 엄마가 즐겁게 일하고 행복해야
엄마의 행복을 너에게 줄 수가 있어."

그리고 집을 떠나면 아이 걱정은 뒤로한 채 내 일
을 했고, 몇 달 만에 집에 돌아오면 물론 그 시간만큼
은 아들에게 집중했다. 이상적인 엄마의 상하고는 거
리가 멀었다.

그럼에도 불구하고 어떻게 아들이 그렇게 일찍
자기 길을 찾고 잘 컸느냐고 지인들이 물으면, 내가 바
빠서 방목한 덕분이라고 농담 반 진담 반 이야기하곤
한다. 사실 스스로 제대로 하지 않으면 자신을 책임져
줄 사람이 없다고 생각한 면들이 분명히 일조했을 것
이라고, 나는 스스로의 죄책감에 변명을 찾는다. 이제
와서 생각해보면 운이 좋았다. 집을 자주 비워야 했기
에 아이를 친정 엄마나 독일 친구들에게 맡기고 다녀
야 했는데, 모두들 나의 일을 이해해주고 도와준 덕분
이라는 감사함을 잊지 않으려 한다.

아들의 성장기

아들의 어린 시절, 친구들이 집에 와서 놀다가 누가 울거나 잠시 싸움이 벌어져도 되도록 누군가 크게 다쳤는지만 살짝 들여다보고 모른 척 내버려두었다. 그러면 신기하게도 아이들 사이에서 다 해결된다. 한동안 울고 난리를 치다가 어느덧 다시 함께 놀고 있는 것이다. 가급적 아이들 세계에 끼어들지 않으면 알아서 자기들끼리 해결하고 자연스럽게 제자리를 찾는 것을 보았다. 아이가 학교에서 부당한 일을 당했다고 말했을 때는 "네가 커서 진짜 세상에 나가면 그보다 부당한 일들이 훨씬 더 많을 거야"라고 했다. 하지만 자기가 이익을 볼 때는 상대가 받는 부당함이 보이지 않을 때가 있으니 조심해야 하고, 때로는 그 부당함을 인정하거나 맞서 싸워야 할 때도 있다고 덧붙였다.

아들은 독일에 있는 일본 초등학교를 다니다 김나지움으로 들어가면서 독일어 문법을 따로 공부해야 했고, 김나지움에 가서도 방과 후에는 일본어 학교까지 다녀야 했다. 그때 나는 국적이 다른 아빠, 엄마의 자식으로 태어나 외국에서 살게 된 것은 너의 운명이고, 그래서 학교도 다른 아이들보다 조금 더 복잡하게 다니게 된 것은 너의 특별한 운명이니 받아들이고 그 특별함을 장점으로 키워야 한다고 말했다.

갭 이어를 하는 동안 호주에서 직업소개사에게 사기를 당했다면서 억울해하는 아들에게, 사기를 당했을 때 네 안에 그 사기성이 조금이라도 있었을지 모른다고 말해 그 순간은 아이를 열받게 하기도 했다. 아들은 정식으로 일을 찾는 절차보다는 좀 더 쉽고 빠르게 이익을 보려다가 당했음을 깨달으면서, 결국 어떤 문제가 생겼을 때는 상대방을 탓하기 전에 먼저 자기 안에서 문제점을 찾게 되었을 것이다. 나는 언제나 너의 상황과 주변 사람들은 네 자신의 거울이기도 하다고 이야기해 왔다.

김나지움 시절에는 아이가 미국에 교환학생을 간 적이 있었다. 아이는 수학 성적이 떨어졌다는 이유로 호스트 마마가 당분간 하교 후 외출을 금지했다며, 자기는 공부를 잘하기 위해 미국에 온 게 아니고 친구들도 넓게 사귀고 미국을 알기 위해 왔으니 호스트 마마에게 이야기해 달라고 도움을 요청했다. 나는 네가 처한 상황 안에서는 스스로 소통하고 해결해야 한다고 부드럽고 단호하게 사랑을 담아 이야기해주었다. 결국 아이는 스스로 소통해야 해결된다는 것을 일찍이 배우고 깨달았을 것이다.

미국의 호스트 마마였던 신디는 아주 친절하고 사랑이 넘치는 중산층 워킹 맘이었고, 유진이 또래의 외동아들이 있는 단란한 가정이었다. 유진이가 1년 후 독일로 돌아온 뒤에 신디에게서 전화가 왔다. 유진이가 미국을 너무 좋아했고 떠나면서 정말 아쉬워했는데, 혹시 아들을 미국에서 공부시키고 싶으면 자신들이 책임을 지겠다는 것이었다. 그리고 자신들도 유진이가 그립다면서 다시 미국으로 보낼 생각이 있느냐고 진지하게 물어왔다.

참으로 감사한 제안이었지만, 어쩐지 서운한 마음으로 이삼일 뒤 조심스럽게 아들에게 물어보았다. 아들을 보내고 싶지 않았지만 그래도 본인에게 신디의 제안을 전하긴 해야 했기 때문이다. 미국에 다녀와서 어찌나 신나게 미국 이야기를 하면서 돌아온 것을 아쉬워하던지, 진짜로 미국에 간다고 하면 어찌나 심란하기 짝이 없었다.

그런데 아들의 대답은 의외로 "노" 한 글자로 단호하고 심플했다. 그 집안 분위기는 부모의 말에 무조건 예스를 해야 하는데, 자기는 그렇게 무조건 따르는 교육 방식에 적합하지 않다고 했다. 유진이는 우리 집에서도 말을 고분고분 잘 듣는 아이는 아니었다. 늘 자기주장이 강해서 정말 머리 아프게 토론하다가 쥐어박고 싶은 때가 한두 번이 아니었으니까. 부모 말 잘 듣는 아이들이 무조건 착하고 좋은 건 아닐 수도 있다는 이야기로 돌린다.

가끔 지인들은 아들이 여러 언어를 구사하고, 일

찍 자기 길을 찾고 독립적으로 커서 좋겠다고 한다. 그런데 가장 감사한 건 무엇보다 아들의 정신이 건강하다는 것이다. 우리가 길을 잃고 헤매거나 실패해도 정신이 건강하면 언제고 일어날 힘을 얻게 되지만, 정신이 나약하거나 병들면 그것이야말로 더 큰 문제이며 그것은 돈으로 고칠 수 없기 때문이다. 그리고 그런 강인한 정신은 무조건 네 편이라는 맹목적인 사랑과 지지보다는, 스스로 정신적·물질적으로 자립하게끔 하며 그 길은 아주 다양하고 끝없다는 걸 깨닫게 해주면 자라난다.

지금에 와서 엄마의 시선으로 아들을 보면 여전히 갈 길이 멀고 부족한 것도 많지만, 아들은 사람의 마음을 읽을 줄 알고 공감할 줄 아는 따듯한 심성을 가지고 있다. 또 자신을 소중히 여길 줄 아는 아이다. 아니, 청년이다. 자신을 만나고 바라보기를 즐기며 꿈을 꾸고 행복하다고 스스럼없이 말하는 아들이 너무 감사하다. 단단한 물질조차도 에너지로 되어 있기에, 믿음이란 것이 가장 센 에너지라며 이제는 제법 고차원적인 이야기도 한다. 자신의 정체성을 '배우는 사람'에 두게 되면 실패해도 자존감을 잃지 않고 늘 발전하게 된다고 말하는 아들, 넌 내 인생의 최고의 작품이며 스승이고 거울이고 사랑이며 선물이란다.

웨일스 방문기

"회전문이 몇 번이고 열린다. 모르는 사람들이 계속 들어오네. 다시는 보지 못할 사람들이."[23]

이 문장은 이상하게 찡하다. 인생은 만남과 이별의 연속이다. 그리고 궁극적으로 우리는 이별한다. 심지어 분신 같은 자식도, 가족도, 친구도 언젠가는 다 이별한다. 그런데 깊은 인연과의 이별도 아닌, 흔한 일상에서 부딪히는 사람들과 스치는 순간을 회전문에 비유한 이 문장은 이상하리만큼 울림이 있다.

나는 늘 프로젝트로 작업하므로 만나고 헤어지고를 반복한다. 네덜란드에서 공부를 마치고 보따리를 싸 가지고 다니면서 프로젝트에서 프로젝트로 옮겨 다니는 떠돌이 생활의 연속이던 때가 있었다. 그렇게 프로젝트로 만난 동료들과 동고동락하며 가족처럼 지내다가 마지막 공연을 하고 찾아오는 이별의 순간은 아주 기묘하다. 땀 흘리며 뒹굴면서 연습하고, 심지어 본의 아니게 더 솔직해지면서 비밀스러운 이야기도 공유하게 될 정도로 친밀하다가 프로젝트가 끝나면서 마주하는 이별. 그런 순간에 익숙해질 것도 같지만 그 후로 다시 보지 못하는 사람들을 떠올리면 이상하다.

그러다가 소셜미디어에서 갑자기 나이가 들어버린 그들의 모습을 보면 반갑게 어색한 인사를 나눈다. 언제고 접속해야만 볼 수 있는 사람들. 그렇게 작별한 수많은 친밀했던 동료 중에, 과거에 출연했던 무용 영화의 감독이었던 데이브의 집을 어느 날 방문하기로 했다. 멀티 아티스트인 그는 음악을 하겠다는 내 아들의 자작곡을 자신의 스튜디오에서 녹음할 수 있으니 놀러 오라며 웨일스의 카디프로 초대해주었다. 물론 중간중간에 소셜미디어를 통한 소통이 없었다면 그조차 불가능했을 것이다. 대면이 없는 디지털 소통에서, 바라보고 목소리를 들을 수 있는 소통을 위해 몇천 킬로미터를 날아가기로 한 것이다.

댄스 온 볼케이노

영국 로열 칼리지 오브 아트의 교수이자 사진작가이며 바디 페인터로 활동하던 데이브는 〈댄스 온 볼케이노 Dance on volcano〉라는 무용 영화를 감독했다. 이탈리아 남부에 있는 작은 섬 리파리에 머물면서 그 근처의 스트롬볼리라는 화산섬을 오르내리며 찍게 된 화산에 얽힌 전설을 이야기하는 영화로, 촬영 과정이 BBC에서 소개되도 했다.

　자연을 조각하는 작업을 맡은 조각가와 각지에서 모인 스태프들과 나를 포함한 세 명의 댄서가 거의 두 달 동안 섬 꼭대기의 꽤 넓은 마당이 딸린 집에서 함께 지내며 영화를 찍었다. 우리는 이른 새벽부터 화산섬에서 바디 페인팅을 하고 촬영하느라 따뜻한 땅 위에 누워 별을 보면서 야영하기도 했는데, 등에서 느껴지던 흙의 뜨끈한 촉감과 기운이 아직도 생생할 정도다. 밑에서 진동과 쿵 하는 소리가 나면 누웠던 사람들이 모두 일어나 발끝 저 멀리 분화구에서 붉은 불덩이가 튀어 오르는 것을 보다가 불길이 잦아들면 다시 누워 잠을 청했다. 그러다 또 소리가 나면 몸을 일으켜 바라보고 다시 똑같이 눕기를 반복했다.

　모든 촬영을 마친 후에는 바닷가에 위치한 클럽을 갔는데, 문을 열고 들어가니 안쪽으로 펼쳐진 해변에서 사람들이 춤을 추고 있었다. 그날 촬영이 무사히 끝남을 자축하며 술과 음악이 흘러넘치는 축제 같은 밤을 지새고 나오니 새벽이었다. 섬 꼭대기 집으로 돌아오는 길목에 자리한 작은 빵집에서 갓 구워낸 따끈따끈한 빵을 사 가지고 와, 지평선 너머 떠오르는 해를 보면서 아침을 먹던 그날은 마치 꿈속처럼 아련하다. 취기와 피곤함을 따끈한 빵으로 해장을 할 수 있었던 것은 아마도 집 마당 아래로 보이는, 저 멀리 수평선 너머 떠오르던 신비한 빛의 태양 때문이었을 것이다. 그때 리파리라는 섬에서 본 자연의 빛깔들은 남쪽의 햇살과 바람과 공기가 뒤섞여 그간 알던 빨강, 노랑, 초록과는 분명히 다른 빛깔들이었다. 모든 빛깔은 어떤 햇살을 어떻게 받느냐에 따라 너무나 다르다는 것을 처음 알게 해준 신비한 체험으로 남아 있다.

웨일스, 카디프의 풍경

영국 남서부에 위치한 웨일스는 영국을 구성하는 네 개의 연방국 중 하나이고, 데이브가 사는 카디프는 웨일스의 수도였다. 웨일스는 다른 유럽에서는 느낄 수 없었던 묘한 기운이 감돌았는데, 아마도 섬나라만이 가질 수 있는 독특한 문화와 전통 때문일 것이다. 어던지 시간도 느리게 가는 것 같았고, 이 시대와는 아무 상관 없다는 듯 유행과는 무관해 보이는 패션의 사람들, 거리의 사람들에게서 들리는 독특한 악센트의 영어들, 오래된 엘피를 파는 상점들, 라이브 연주를 흔하게 들을 수 있는 펍과 클럽을 합쳐놓은 듯한 술집들이 있었다. 그리고 높은 건물이 없어서 어딜 가나 하늘이 넓고 가까이 펼쳐져 있었다.

카디프 항구의 모던한 건축과 시내의 오래된 건물, 그리고 고성이 독특한 분위기를 연출하는 웨일스는 내셔널지오그래픽에서 '세계 최고의 해안 휴양지' 2위로 선정되기도 했다. 자연 그대로의 모습을 유지한 게 선정 기준이었던 만큼, 어딜 가도 산책하기 좋은 자연과 해안가가 펼쳐지는 곳이었다. 생물 진화론을 쓴 찰스 다윈은 웨일스 전역을 여행하며 지질학자로서 자연을 관찰하는 훈련을 했고, 영국의 유명 시인 딜런 토머스도 빼어난 웨일스의 환경에 영감을 받아 작품 활동을 했다고 한다.

데이브와 친구들

공항에서 데이브를 10여 년 만에 만나 포옹하고, 서로 어쩌면 그리 변한 게 없냐는 뻔하지만 진심이 담긴 말을 거의 동시에 하며 그의 집으로 향했다. 다시는 볼 수 없을지도 몰랐던 과거 속 데이브를 만나면 어딘가 어색할 것 같았지만, 우리는 마치 어제 있었던 일인 양 스트롬볼리 때의 이야기를 나누며 그 시절의 친밀함으로 돌아갔다. 그의 집은 거리에 나란히 서 있는 똑같이 생긴 3층 주택 세 채를 터서 한 집으로 만들었단다. 사진 스튜디오와 음악 연습실, 완벽한 장비를 갖춘 녹음실까지 있는 집은 그야말로 복합 예술 문화 공간 같았다.

이 전형적인 영국식 집에는 데이브가 직접 찍은 앤서니 홉킨스, 피터 오툴 같은 유명 배우들 사진에서부터 그 옛날 무용 영화 속 바디 페인팅을 한 내 사진, 온갖 특이한 조각품들, 다양한 모양의 악기들, 소품들이 온 집 안을 뒤덮고 있었다. 사진 속 인물들과 집 안을 채우고 있는 사물들은 그들만의 돈독한 유대 관계를 맺고 있는 것처럼 보였다. 어디서부터 시선을 두어야 할지 모를 어지러운 공간의 연속이었다. 하루하루 시간이 지나면서 새롭게 인지되는 오래된 물건들이 보였는데, 마치 박물관에 온 듯했다. 나중에 한병철의 책 『사물의 소멸』에서 디지털 시대의 소유는 촉감이 없는 데이터화된 소유이고, 세계도 정보화되어 탈사물화한다[24]는 문장을 보고 데이브 집 안의 촉감과 온기를 품고 있는 온갖 사물들이 떠올랐다.

어디서나 그렇겠지만, 예술가의 재능과 성공 여부를 떠나 데이브처럼 예술로 돈을 잘 버는 사람은 영국에서도 그리 흔하지는 않은 것 같다. 데이브의 집 2층에는 다양한 아티스트가 살고 있었는데, 데이브는 자기 주변의 재능 있지만 가난한 예술가 친구들에게 레지던스처럼 무료로 방을 빌려주었다. 그중에 시인이라는 오랜 친구에게는 소정의 생활비까지 후원하면서 작품에 몰입할 수 있도록 돕고 있었다. 데이브는 BBC에서도 일하고 상업 광고 사진으로도 성공했지만, 자기보다 능력 있는 가난한 예술가들에게 진정한 동정심과 존경을 가지고 있는 듯했다. 아무튼 옛날에도 참 기인 같다는 생각을 했지만, 다시 만나니 그의 기인 같은 라이프는 여전해 보였다.

데이브는 자신이 심각한 것들에 거부감이 있어서 순수 예술가는 되지 못할 거라고 했다. 하지만 그는 '스티브 스태버스'라는 가명으로 전시를 열어 엄청난 호평을 받고 작품도 잘 팔리는 억세게 운 좋은, 아니, 엄청난 실력자일 수도 있는 사람이기도 하다. 그의 작품은 뭉크의 〈절규〉나 레오나르도 다 빈치의 〈모나리자〉 같은 명화 속에 현대 카디프의 도시나 공원 같은 배경을 합쳐, 사진과 그림을 교묘하게 합성해 만든 재미있는 작품들이었다. 그는 작품을 보여주며 설명할 때는 마치 제삼자의 작품을 말하듯이 꼭 그 가명으로 칭하며 이야기했다.

우리가 도착한 날 저녁에는 불길이 활활 오르는 가스 불에 커다란 복을 올려놓고 인도 요리를 척척 만드는 데이브와 그의 온 집안 식구들이 다 모여 파티를 했다. 무용을 가르치고 공연도 한다는 댄서 킴과 시인 폴, 노래를 부른다는 케이트, 그리고 도자기를 만든다는 리엄 모두 한집에 살고 있는 멤버들이었다. 댄서인 킴은 자신의 무용을 하면서도 한 단체에서 장애인들과 즉흥 컨택을 하며 그들에게 춤을 가르치고, 그들이 춤을 통해 더욱 행복하게 자신을 표출할 수 있도록 하는데 큰 보람을 느낀다고 했다. 우리의 대화는 영화, 미술, 무용, 와인, 음악까지 다양한 장르를 오가며 새벽까지 이어졌다.

웨일스 밀레니엄 센터

다음 날은 영국 드라마 〈닥터 후〉에 자주 나왔던 웨일스 밀레니엄 센터에서 하는 뮤지컬 〈싱잉 인 더 레인 Singin' in The Rain〉을 보러 갔다. 하필 그 시기에 컨템퍼러리 공연이 없었는 데다 뮤지컬 팬이 아닌 나로서는 아무리 데이브의 초대라 해도 비싼 티켓으로 뮤지컬을 본다는 게 내심 미안했지만, 언젠가 봤던 오래된 흑백영화를 다시 라이브로 본다는 마음으로 기꺼이 보기로 했다. 위트와 유머가 넘치는 배우들의 춤과 노래, 연기는 환상적이었고 고전적인 탭댄스와 무대 전체에 뿌려지는 빗속에서 퍼지는 노래는 사람들에게 행복한 엔도르핀을 팍팍 돌게 하는 마력이 있었다. 내용이나 장르를 떠나 웰메이드 작품은 언제 어떤 시기에 봐도 좋다는 것이 진리인 듯하다.

극장에 들어섰을 때는 계단식으로 층층이 2층, 3층을 이루고 있는 굴곡진 객석들이 아주 인상적이었다. 이 극장의 독특한 모양은 웨일스 전역에서 볼 수 있는 지형인 대규모의 지층을 본뜬 것이라고 한다. 웅장한 지붕에는 카디프만에서 불어오는 소금기 섞인 바람에도 부식되지 않는 샴페인 빛깔과 특별한 질감의 스테인리스스틸이 사용되었다고 한다. 기울어진 지붕에는 영어와 웨일스어 문장이 2미터 크기의 글자로 쓰여 있는데, 밤이면 그 유리로 된 글자에 불이 들어와 감탄사가 절로 나온다. 영어 문구는 "이 돌에서 지평선이 노래한다In these stones horizons sing"이고 웨일스어 문구는 "영감의 용광로로부터 마치 유리 같은 진실을 창조해낸다Creu Gwir Fel Gwydr O Ffwrnais Awen"인데, 웨일스의 시인 귀네스 루이스의 시구라고 한다. 그 지역 예술가가 직접 참여할 수 있도록 연계한 극장의 콘셉트와 너무나 조화로운 시구가 아닐 수 없다.

방문 여행의 마지막 날은 음악의 날이었다. 데이브와 함께 연주하는 동료 밴드가 데이브의 스튜디오로 하나둘 모여 즉흥 잼을 하는 시간을 가졌다. 틈틈이 자작곡을 고치고 연습하던 아들이 그들 앞에서 곡을 선보이는 날이기도 했다. 나는 데이브의 녹음실에서 녹음하는 줄 알고 있었는데, 데이브가 더 전문적인 '새비로드'라는 스튜디오를 하루 빌려놓았다고 했다.

스튜디오로 들어서자, 비틀스 멤버들과 오노 요코가 녹음실에서 이야기하고 있는 사진과 링고 스타의 출생신고 원본 사진 액자가 벽에 걸려 있었다. 비틀스의 전설적인 앨범 〈애비로드〉를 유머 있게 바꿔 새비로드라고 지은 이름답게 비틀스를 기념하고 있었다. 스튜디오 주인이자 〈댄스 온 볼케이노〉의 음악 녹음을 맡았던 알은 유진이의 자작곡에 기타 세션도 해주었고 녹음과 믹싱을 해주었다. 내가 보기엔 아직 어리기만 한 아들이 녹음실에서는 어찌나 까탈스럽게 수정을 요구하는지 시간이 오래 걸려 옆에서 은근히 신경이 쓰였지만, 알은 끝까지 웃으며 명쾌하게 유진이의 데모 음악을 완성시켜 주었다.

마지막으로 카디프 시내 중심에 있는 거대한 국립미술관을 둘러보았는데, 신기한 점은 그때 박물관에서 보았던 조각이나 미술품들은 그다지 기억에 없다는 것이다. 오히려 웨일스 거리에서 마주했던 풍경들과 데이브 집 안의 사물들, 데이브와 그의 친구들과 함께 했던 시간들이 더 기억에 남는다. 다양한 예술을 하는 사람들이 모인 공동체 같은 데이브의 정감 가는 집에 서, 또 새롭게 만난 사람들과 짧지만 깊은 정을 나누고 다시 작별을 한 것이다. 그리고 그들은 그 후로 다시는 보지 못할지도 모를 사람들로 남아 있다. 그럼에도 시 간의 공백을 훌쩍 뛰어넘어 오랜 친구처럼, 가족처럼 자신의 시간과 공간을 나누어준 데이브의 마음을 나도 닮고 싶다.

3장
나를 채우는 조각들

- 보고 읽는 것에 대한 단상

쿠사마 야요이 전시를 보면서 떠오르는 추억들

몇 달 동안 공연장과 전시장도 못 가는 답답함이 극에 달할 즈음, 락다운이 서서히 풀리면서 드디어 박물관과 극장들이 문을 열기 시작했다. 그래서 오랜만에 베를린에서 열리고 있는 쿠사마 야요이의 전시를 보러 가기로 했다. 보통은 예매하지 않아도 박물관 전시를 봤는데, 쿠사마 야요이 전시는 적어도 2주 전에 온라인으로 예약해야 했다. 기나긴 락다운으로 인해 문화에 목말랐던 사람들이 몰려서인 듯하다.

생존하는 작가 중에 최고가로 작품이 팔리고, 세계에서 전시를 가장 많이 하며, 편집증적으로 무수하게 점을 찍는 작가 정도로만 알고 있었기에, 전시를 보러 가기 전 좀 더 그녀에 대해서 알고 싶어 〈쿠사

마 야요이: 무한의 세계〉라는 다큐멘터리를 찾아보았다. 이 다큐는 시작부터 엄청난 추억의 연쇄작용을 불러일으켰다. 무방비 상태로 다큐를 보는 동안, 나의 머릿속에서는 또 다른 과거의 필름이 돌아가고 있었다. 1958년, 일본 작가들 중 최초로 뉴욕에 가서 치열하게 작업할 당시 그녀를 열렬하게 사랑했던 조셉 코넬의 등장부터, 쿠사마의 전시를 보고 그녀의 아이디어를 가져다 성공한 예술가들의 이야기는 기억의 꼬리를 물게 했다.

앤 보가트의 '뷰포인트' 워크숍 주제였던 조셉 코넬

독일에서 안무 작업에 한창이던 2000년대 초, 주정부에서 주는 '젊은 예술가 해외연수 지원 작가'에 선정되어 6개월 동안 해외에서 공부할 수 있는 기회가 있었다. 각지에서 지원하는 예술가들이 많아 우선 주최측의 서류 심사를 통과해야 했고, 독일에서는 해당 워크숍이 해외연수에 적합한지를 또 심사받아야 했다. 그렇게 복잡한 과정을 거쳐 드디어 뉴욕주의 새러토가 스프링스시市에 위치한 스키드모어 칼리지에서 열리는 뷰포인트View Point[25] 워크숍에 참가하게 되었다. 뉴욕의 시티 컴퍼니SITI Company 극단의 예술 감독이자 뮤지컬,

오페라 연출가로 유명한 앤 보가트가 하는 뷰포인트와 스즈키 메소드[26]를 집중적으로 배우는 워크숍이었다.

워크숍에 가기 전, 신체적, 정신적으로 강훈련이 될 것이니 준비를 많이 하고 오라는 협박 수준의 메일들이 왔다. 그해 워크숍의 주제가 조셉 코넬이라는 작가이므로 그에 대해서 충분히 공부하고 오라고도 했다. 조셉 코넬에 관한 자료와 필독서 목록까지 보내주면서 제출하라는 서류는 또 얼마나 복잡하고 많은지, 가기 전부터 부담 그 자체였다.

워크숍에는 다양한 연령대와 국적의 배우, 감독, 연출가, 무용수, 안무가, 연주자, 화가 같은 예술가들이 모였다. 모두 스키드모어 칼리지의 기숙사에 머물면서 학교 내 극장과 아름다운 캠퍼스를 무대로 아주 타이트한 일정을 소화했다. 오전 수업은 스즈키 메소드 같은 신체 훈련 수업으로 시작하고, 오후에는 조셉 코넬을 파고들며 그의 인생과 작품에 얽힌 이야기를 분석했다. 주말에는 그에 대한 다양한 관점의 공연을 만들어 팀별로 돌아가면서 쇼잉을 해야 했다. 조셉 코넬은 작품도 특이하지만 성격도 독특해서, 어떤 관점으로 접근하는가에 따라 무궁무진한 주제를 품게 만드는 인물이기도 했다.

그리고 일주일에 한 번씩 특별 수업으로 극작 수업과 연기법 수업이 있었는데, 영어로 대사를 외워 가야 했기에 그야말로 고문 같은 시간이었다. 한국말로도 안 해본 연기를 영어로 하는 수업이라니! 그럼에도 수업은 아주 인상적이었다. 연기는 나만 잘하면 되는 게 아니라 상대방에 연기에 어떻게 반응하고 받아들이는지가 중요하다는 것을 배운 수업이었다.

극작 수업은 시티 컴퍼니 단원들이 직접 간단한 상황을 보여주면, 그 상황에서 오갔을 만한 간단한 대사를 학생들이 자유롭게 즉흥적으로 써보고 10년 뒤 그들이 만났을 때 어떤 대화를 하게 될까를 상상하면서 대사를 만들어내는 식으로 진행되었다. 그리고 그 대사를 가지고 바로 다음 연기를 해야 했다. 생각보다 짧은 시간에 상상력만 있으면 재미있는 대사들이 만들어져서, 극작 시간은 생각보다 그렇게 어렵지 않고 흥미로웠다.

나는 영어가 부족하기도 해서, 작품을 만들 때 주로 안무를 맡거나 몸으로 표현하는 역할을 했다. 하지만 매주 팀이 바뀌면서 서로 분담하는 역할도 바뀌다 보니 언젠가는 배우의 역할도 해야 했다. 몇 마디 안 되는 대사였지만 긴장과 걱정으로 연습에 연습을 얼마나 거듭했는지 모른다. 쇼케이스 날 제발 배탈이라도 나기를 바랐지만 그런 일은 일어나지 않았다. 지나고 보니 두 번 다시 없을 엄청난 경험이었고 특별한 추억이었다.

학생들이 쇼잉을 하는 동안 어떤 좋은 아이디어

가 나오면 앤 보가트는 그 아이디어를 낸 사람에게 자신이 그 아이디어를 작품에 써도 되는지 정중히 물었고, 안 된다고 하는 사람은 없었다. 그때 나는 그렇게 비싼 수업료를 받는데, 학생들에게서 신선한 아이디어까지 가져갈 수 있다는 사실에 살짝 의구심이 들기도 했다. 나는 독일에서 받은 장학금으로 왔지만, 대부분의 학생들은 개인적으로 비싼 수업료를 내고 온 사람들이었기 때문이다.

그때 우리가 그렇게 연구하고 작품으로 만들던 작가 조셉 코넬은 장애가 있는 동생을 보살피며 어머니와 함께 평생 독신으로 살았다고 한다. 나는 그때 조셉 코넬이 왠지 게이일 것이라고 생각했는데, 뜻밖에도 쿠사마 야요이의 다큐에서 그녀를 열렬히 사랑하고 죽는 날까지 끝없이 구애한 편지들을 보면서 나의 편견이었다는 것을 알게 되었다. 조셉 코넬은 초기 작품을 발표하고 살바도르 달리의 표절이라는 말을 듣고 큰 상처를 받아, 꽁꽁 숨어 모든 작품을 박제하듯 상자 속에 담았다고 한다. 사실 그의 작품들을 보면 달리하고는 확연히 다르다. 그런 오해가 듣기 싫었던 조셉 코넬은 자기만의 독특한 방식으로 작업하고 평생 수집한 다양한 것들을 상자 안에 배치하여 작품으로 남겼다.

쿠사마 야요이의 다큐를 보면서 받은 또 다른 충격은 팝아트의 선구자 앤디 워홀, 조각가 클라스 올든

버그, 아방가르드 작가 루카스 사마라스 같은 당대 최고의 예술가들이 모두 쿠사마 야요이의 전시를 보고, 좋게 말해 직접적인 영향을 받아 세계적인 작가 반열에 오르게 됐다는 것이다.

앤디 워홀은 쿠사마가 온 전시 공간을 작품 사진으로 도배한 것을 본 뒤, 자신도 인쇄한 작품 사진들로 전시장 내부를 도배한다. 올든버그는 야요이의 〈집적: 1000척의 배〉라는 부드러운 소재로 만든 설치를 보고 난 후, 이전에 하던 딱딱한 소재에서 벗어나 재봉틀을 이용해 부드러운 소재로 조각을 하게 된다. 사마라스는 야요이의 첫 번째 〈무한 거울의 방〉 전시를 보고, 온통 거울로 만들어진 전시를 더 유명한 갤러리에서 하게 된다. 이들 모두 그 후로 엄청난 성공을 거두었지만, 정작 그들에게 큰 영향을 끼쳤던 야요이는 당시 백인 남성 위주의 미술 시장에서 배제되고 후원도 받지 못한다. 그녀는 극심한 좌절과 외로움으로 두 번이나 자살을 시도하고 결국 고향 일본으로 돌아가게 된다.

나의 스승, 메리 오도널 풀커슨

쿠사마 야요이 다큐로 인한 추억의 연쇄작용으로, 조셉 코넬을 알게 해준 앤 보가트와 나의 스승인 메리 오도널 풀커슨을 떠올리게 되었다. 앤 보가트는 새로운 지각 훈련법을 만들어 전 세계 예술가들이 모이는 뷰 포인트 워크샵을 매년 개최해 명성을 얻었는데, 여기서 메리 선생님의 말이 생각났다. 두 사람은 잠시 교우한 적이 있었는데, 앤 보가트가 선생님의 아이디어를 가져다 뷰포인트를 창시했다는 것이었다. 물론 나로서는 선생님의 말이 옳다고 증명할 길은 없다. 다만 뷰포인트 워크숍 수업을 들으면서 메리 선생님에게 배웠던 것들을 복습하는 느낌인 것만은 분명했다. 그러나 뷰포인트 수업이 전혀 새롭지 않았음에도 그런 논리들을 적용해 조셉 코넬을 주제로 작품을 만들어가는 과정은 꽤나 흥미로웠고 결과적으로 내게 다양한 경험이 되었다.

메리 선생님은 미국에서 태어났고 영국의 다팅턴 예술대학에서 지대한 영향을 끼친 교수였으며 EDDC 부학장이었다. 아나토미 릴리즈 테크닉의 창시자이기도 한 그녀는 늘 젊은 우리보다도 한참 앞서가는 콘셉트와 아이디어로 무용가들에게 여러 가지로 실험하고 도전하게 하는 분이었다. 언젠가 선생님이 들려준 이야기에 의하면, 자신은 대학 시절부터 작품 시험을 보거나 발표를 하고 나면 늘 선생님으로부터 "너는 그렇게 예쁜 팔다리를 가지고 왜 춤을 안 추고 이상한 걸 하니?"라는 말을 들었다고 한다. 분명히 콘셉트에 맞

는 작품을 연구하고 춤을 추었지만 그렇게 소외되었고
항상 외로웠다고 했다.

그런데 대학 졸업 발표회가 끝난 후 누군가 무대
뒤로 그녀를 찾아와 손을 잡고 "오늘 저녁 공연 중에
서 네가 유일하게 진짜 예술적인 춤을 추고 있더구나"
하고 간 사람이 있었다고 한다. 그 사람은 바로 작곡가
존 케이지였다. 천재는 천재를 알아보는가 보다. 나는
학교를 졸업하고 그녀의 무용단에서 작업을 했던 시간
들에 큰 감사와 경외심을 가지고 있다.

쿠사마 야요이 회고전

쿠사마 야요이 전시는 베를린의 현대미술관 그로피우
스 바우에서 열렸다. 이 미술관은 독일 바우하우스의
창시자 발터 그로피우스의 큰아버지인 마르틴 그로피
우스가 건축한 현대미술관이다. 시기가 시기인 만큼
몰림 현상을 막기 위해 입장 시간도 정해져 있었다. 입
장객에게는 90분의 시간이 주어졌는데, 회고전이다 보
니 역사적으로 중요한 1950년대 초창기 작품부터 스
케일이 큰 작품까지 방대하고 볼거리 많은 전시였기에
사실 90분이 부족했다.

전시장 입구부터 핑크색으로 시선을 사로잡는 거

대한 스케일의 설치가 미술관 1층 바닥에서 높은 천장까지 뻗어 있었다. 네오 르네상스 건축 양식의 미술관과 대조되면서도 묘한 조화를 이루는 것이 매우 인상적이었다. 그렇게 거대한 설치를 지나 2층으로 올라가면 전시관마다 시대를 나눠 주요 작품들이 전시되어 있었다. 반갑게도 조셉 코넬이 쿠사마에게 보낸 상자 안에 나비와 편지가 담긴 작품도 있어 그것을 한참 바라보았다. 쿠사마 야요이 전시에 와서 조셉 코넬의 작품과 자필 편지까지 볼 수 있다니, 새삼 감격스러웠다.

쿠사마 야요이의 전시는 생명과 자연의 입자들이 영원 속으로 날아오르는 이미지로 관객에게 무한대라는 세상에 빠진 듯한 환상을 불러일으키는 전시였다. 편집증적 강박과 그로 인한 집적을 테마로, 무한의 영속을 표현하는 일관적인 그녀의 작품들은 예술적 장인 정신을 초월하는, 말로는 표현할 수 없는 감동을 주었다. 개인적으로 쿠사마 야요이의 고통이 승화된 내면이 보이는 〈자화상〉이란 페인팅 작품이 특히 와닿았는데, 검은 바다를 배경으로 성충을 뚫고 나온 나비들이 그녀의 깊은 내면과 맞닿아 있는 느낌이었다.

거울 조각으로 모든 공간의 경계를 허물고 관객의 집중도를 흐트러뜨리는 '거울' 시리즈는 그야말로 영원 속에 파묻히는 마법 같은 순간들이었다. '핍 쇼 peep show'라는 작품은 팔각형의 상자에 있는 작은 구멍으로 머리를 집어넣으면 무한한 빛에 빠져들게 된다. 천장까지 달린 불빛들이 순차적으로 드르륵하면서 켜지면, 정신까지 아득하게 하는 다차원의 세계가 되는 것이다. 르네상스 시대 이후로 수많은 예술가들이 원근법과 무한대라는 주제를 연구하고 표현했지만 관객을 이토록 입체적으로 에워쌀 수는 없었다. 쿠사마 야요이가 미술사에서 처음으로 경계를 초월한 도전과 전환점을 던진 것이다.

보수적인 집안과 일본이라는 환경에서 벗어나 일찍이 뉴욕으로 건너가 그토록 처절하게 자신의 세계를 펼치려 했지만, 현지 평론가들로부터 독창적인 작품이라는 평을 받았음에도 불구하고 결국 백인 남성 중심의 미술 시장에서 소외된 야요이는 극심한 환멸과 우울증을 안고 일본으로 돌아간 이후 지금까지도 정신병원에서 살고 있다고 한다. 일본에서 귀국 전시회를 다시 열지만 주목받지 못하다가, 잊힌 중년 예술가에서부터 다시 시작한 그녀는 자신의 트라우마를 생산적으로 승화시킨 위대한 작가로 뒤늦게 대중들의 사랑을 받게 된다. 20여 년 만의 회고전으로 뉴욕에서 재조명받으며 세계적인 작가가 된 쿠사마 야요이의 작품들은 현재 수백만 달러에 거래되고 있다. 그녀는 90세가 넘은 나이에도 활발하게 자신의 모든 에너지를 작품 활동에 쏟아붓고 있다고 한다.

쿠사마 야요이는 당대 예술가들에게 아이디어를 빼앗겼고, 그녀를 사랑한 조셉 코넬은 표절이라는 오해로 상처받았다. 나에게 조셉 코넬을 알게 해준 앤 보가트의 뷰포인트와, 그것이 원래 자신의 아이디어였던 스승 메리 풀커슨의 이야기가 내 머릿속에 엉겨 붙는 것 같다.

케이트 블란쳇이 1인 13역을 하는 영화 〈매니페스토〉의 한 대사가 문득 떠오른다.

"예술을 하면서 도둑질을 은폐하지 말라. 중요한 것은 어디서 왔느냐가 아니라, 어디로 가져가야 하느냐이다."

©김윤정

쿠사마 야요이 전시 〈Love Forever〉 시리즈 중에서

영화 〈신의 손〉을 보고 느낀 노스탤지어에 관하여

2013년에 파올로 소렌티노 감독의 〈그레이트 뷰티〉라는 영화를 보고 그 황홀한 영상미에 매료된 이후, 그의 영화는 빼놓지 않고 보고 있다. 〈그레이트 뷰티〉는 사회적으로 성공한 상류 사회 사람들, 종교 지도자들, 예술가들의 위선과 가식을 다소 과장되지만 영화로서는 드물게 현학적이고 철학적으로 보여주는 작품이었다. 영화 속 주인공이 나이가 들면서 느끼는 화려한 삶 뒤의 공허함이 처연하고 아름답게 표현된다. 그리고 강렬하게 대비되는 색감으로 스타일리시한 미장센을 보여준다. 이 영화를 본 후로 소렌티노 감독의 팬이 되었지만, 어떤 영화들은 너무 다른 문화적 차이로 공감하기 힘든 경우도 있었다.

그럼에도 최근에 나온 그의 신작 〈신의 손〉은 매우 특별했다. 〈신의 손〉은 사랑과 상실에 관한 성장 영화이면서 소렌티노 감독의 자전적 영화이다. 그의 소년 시절의 고향, 뜨거운 여름의 눈부시게 아름다운 나폴리를 배경으로 감독의 기억 속 가족들의 이야기가 서정적으로 그려진다. 자연스럽게 그 시절 사회상도 그려지는데, 가난하고 범죄가 난무하던 나폴리에 당시 신적인 존재였던 축구선수 마라도나가 이적해 오고 이탈리아의 거장 페데리코 펠리니 감독의 영화 오디션도 열린다. 목가적인 풍경 속에 유머가 넘치는 엄마, 가족을 사랑하면서도 바람을 피우는 아버지, 강렬한 캐릭터의 육감적인 이모, 펠리니 감독의 영화 오디션에 참가하는 배우 지망생 형, 치매 걸린 할머니, 그리고 그다지 큰 극적인 사건이나 갈등 없이 그려지는 가족들과 친척들, 이웃 사람들의 이야기들이 유쾌하게 그려진다. 그러다 예기치 않은 사고로 고아가 된 주인공이 상실감을 안은 채 영화를 만들고 싶다며 고향을 떠나면서 이야기는 끝난다. 주인공인 소년은 고향을 떠난 후 더 이상 영화 속에 나오지 않지만, 결국 이탈리아 영화계의 거장 파올로 소렌티노 본인이 된 것이다.

　　그 시절 이탈리아 사람이라면 누구라도 광적인 팬이었을 마라도나의 축구 경기를 보러 가느라 부모님과의 여행을 따라가지 않아 목숨을 건지게 되는 주인공. 부모님은 여행지에서 벽난로를 피우다 일산화탄소 중독으로 세상을 떠난다. 소렌티노 감독은 한 인터뷰에서 마라도나가 자신의 생명의 은인이라고 말하기도 했다.

몇 년 전 그저 피자와 마피아로 유명하다는 정도로 알고 나폴리를 여행한 적이 있었는데, 그때 느꼈던 가난해 보이지만 아름다웠던 풍광들을 떠올리며 영화를 보니 더욱 좋았다. 그리고 그의 어린 시절 고향의 개성 강한 사람들을 보면서, 그동안 소렌티노 감독의 영화 속에 나오는 강렬하고도 다양한 캐릭터들이 어디서 영감을 받아 탄생했는지 알 수 있을 것 같았다. 신기한 건 우리나라 정서와는 분명히 다른데도, 영화를 보는 내내 나의 어린 시절 고향 사람들을 떠올리게 되었다는 것이다. 그러고 보면 이 감독의 나이가 나하고 비슷하다. 우리는 지구 저 먼 곳에서 자랐지만 동시대에 청소년기를 보냈으므로, 서로 다른 문화권이지만 같은 시대에 살았던 동시대인만이 느낄 수 있는 공감대가 있는 듯했다.

나의 고향 사람들

나에게 강렬하게 남아 있는 고향 사람들의 기억은, 그

러니까 소렌티노 영화 속에서는 그가 열여섯 살이 되어가는 십대 시절이므로 1980년대가 배경이라면, 그보다 더 어린 시절의 기억이다. 그러니까 영화적으로 말하자면 1970년대가 배경인 것이다. 내가 태어나고 초등학교까지 다녔던 작은 마을 안에는 참으로 다양한 사람들이 모여 살았다. 당시 미군 부대가 우리가 뛰어 놀던 마당 바로 코앞에 있었으므로, 아마 한국에서도 좀 더 특이한 상황이었을 것이다. 그리고 그 시절은 가난한 사람들은 정말 가난했지만 그럼에도 어찌어찌 서로 어울려 살았던 때였다. 세 들어 살던 사람들이 집세를 밀리다가 야반도주하는 일도, 겨울마다 연탄가스로 온 가족이 죽는 일도 있었다. 그런 일들이 그냥 일어나던 시절이었다.

지금도 마을 사람들의 모습, 말투, 옷차림, 다양한 군상들이 너무나 생생하게 떠오른다. 그 시절 달마티안 개를 열 마리 이상 키웠던 '루시'라고 불리던 아줌마와, 집이 없어 마을 꼭대기에 천막을 치고 살던 가족, 특유의 여성스러운 제스처와 걸음걸이를 가진 세탁소를 하던 총각도 있었다. 어렸던 내가 왜 저 사람은 여자가 아니고 남자인가 의문스러워했던 기억도 난다. 그리고 당시 나보다 더 어린 두 딸을 키우던 아줌마가 있었는데, 밤에 진한 화장을 하고 나가서 집을 비우면 그 집 아이들하고 놀아주기도 했다. 그런데 어느 날 갑자기 그 아이들이 사라지고서 들리는 말이, 자매가 미국으로 입양되었다고 했다. 어른들이 수군대는 소리를 들으니, 가기 싫다고 울면서 보채는 아이들을 겨우 보냈다는 것이었다. 그때 나도 어렸는데 나보다 더 어린 그 아이들 생각에 가슴 한쪽이 아릿했던 기억이 난다. 기왕이면 그 자매가 같은 집에 입양되었기를 바라본다.

마을 어귀에서 담배 가게를 하시던 할머니는 꽤나 키가 크고 걸걸한 중성적 저음의 목소리셨는데, 보는 것만으로도 어찌나 무섭던지 멀리서 그 할머니만 보이면 최대한 빨리 뛰어서 집으로 오거나 엄마 치마폭으로 숨었다. 그리고 여느 때처럼 함께 인형 놀이를 하며 놀고 있었는데, 갑자기 미국으로 가게 되었다며 눈물을 뚝뚝 흘리던 금발의 혼혈 친구도 생각난다. 주말이면 이웃 마을에서 아빠의 친구분들이 나름 옷을 갖춰 입고 찾아와 마작을 두었고, 엄마는 옆에서 술상을 차리곤 하셨다. 마작이 끝나면 방 안 가득 뒤섞이던 담배 연기와 오후 햇살의 몽롱한 냄새와 빛도 기억이 난다.

여름날 미니스커트에 긴 머리를 휘날리며 굽 높은 구두를 신은 화려한 모습의 양공주라 불리던 사람들도 있었고, 우리 집 문간방에 세 들어 살던 수자 언니는 가끔 어린 나를 군부대 파티나 클럽에 데려가기도 했다. 또 어떤 집에서는 미군 부대 피엑스에서 나오는 물건들을 쌓아놓고 팔기도 했다. 우리 집에도 늘 미제 커피, 초콜릿, 아이스크림, 우유, 치즈, 소시지가 넘쳐 났었다. 그리고 나이도 꽤나 들었지만 학교도 못 갈 정도로 미숙해서 바보라 불리던 순자, 누런 코를 달고 다니던 덩치만 무지 컸던 땡수도 있었다. 어른인 것 같은데 아이 같은 그들은 늘 우리가 노는 데 끼고 싶어 얼쩡거렸다. 우리는 모자라는 그들을 마치 동갑내기 부르듯이 부르면서 무감각하게 받아들이곤 했다.

빨랫감들을 받아다 빨래하며 돈을 벌던 소식통 옆집 아주머니는 신기하게도 누구네 집에 어떤 일들이 일어났는지를 알고 소상히 떠들고 다녔다. 그야말로 걸어 다니는 동네 인터넷 뉴스였다. 심지어 누가 부부 싸움을 하면서 어떻게 말했는지 톤까지 바꿔가며 이야기하던 아주머니는 웃음과 슬픔을 전달하는 메신저이기도 했다.

뒷동산에 올라가면 늘 같은 자리에서 서성이는 정신이 이상한 젊은이도 있었다. 나는 우연히 그 사람의 뒷모습을 볼 때마다 '정신이 이상하다는 건 무엇이고 대체 저렇게 오랜 시간 아무것도 하지 않고 앉아서 무슨 생각을 하고 있는 걸까?'라고 골똘히 생각하곤 했다. 인형 놀이, 공기놀이, 고무줄놀이, 마당에 그려놓고 노는 오징어 게임, 사방치기 같은 놀이로 한창 즐겁게 놀고 있을 때면 들려오는 저녁 먹으라고 부르는 소리는 하루의 종말처럼 들리곤 했다. 우리 집은 유난히 독재자 같으시던 아빠가 세운 규칙을 따라야 했었는데, 일찍 자고 일찍 일어나는 것이 그중 하나였다. 그 시절 가장 큰 불만이었지만 무조건 따라야 하는 것이기도 했다.

그리고 그때는 밥을 얻으러 가끔 집 안을 기웃거리던 거지가 있었다. 어느 날은 장을 보고 돌아온 엄마가 집 안의 쌀독이 텅 빈 것을 보고 놀라셨는데, 알고 보니 동생이 "김 거지가 와서 쌀을 다 가져가라고 했어"라고 했다는 것이었다. 김 거지가 누구냐고 물으니, 우리가 김 씨이고 늘 우리 집에 오는 거지니까 김 거지라 불렀다고 한다. 바보스러울 정도로 인정 많고 착했던 동생은 만화영화를 보다가 슬픈 장면이 나오면 귀청이 떨어질 정도로 큰 소리로 목 놓아 울었다. 이 문장을 쓰는 순간 내 눈시울도 뜨거워진다. 손턴 와일더의 『우리 읍내』에서처럼 인생에서 과거로 하루만이라도 돌아갈 수 있다면, 나는 그 마을의 어느 여름날 동생과 함께 마음껏 뛰어놀던 시절로 돌아가고 싶다는 생각을 해본다.

마을 아저씨들은 가끔 술에 취해 시비도 붙고는 했는데, 다음 날 아무렇지도 않게 또 만나서 술판을 벌이기도 했다. 어딘가 법도 질서도 없는 듯했지만 결국에는 다시 제자리를 찾아 돌아갔다. 때로는 사람들이 문제에 부딪히면 마을의 리더 역할을 하던 아빠를 찾아와 도움을 요청했다. 집안에서는 엄하고 성질 급하신 다혈질 아빠는 성격과는 다르게 늘 어려운 사람들의 문제를 들어주고 해결사가 되어주기도 했다. 그 시절의 사람들은 서로에게 경계나 담이 없이 어울리며 재미있게 살았던 것 같다.

만화책, 어린이 명작, 그리고 문학을 만나다

어느 겨울날 옆집으로 이사 온 기독교인 가족은 집 한쪽에 만화방을 했었는데, 형제가 일곱이나 되는 대가족이었다. 그 시절 그 집에서 빌려다 보거나 놀러 갔다가 한쪽 구석에서 읽던 만화책 『캔디 캔디』와 『베르사유의 장미』, 『유리가면』은 얼마나 어린 나의 가슴을 파고들었던가?

만화책뿐 아니라 늘 명작 시리즈를 문고판으로 사주시던 엄마 덕분에 수많은 책을 읽었지만, 그 후로 중학교에서 만난 짝꿍의 독서를 보면서 나는 세상에 조금 더 눈을 뜨기 시작했다. 헤르만 헤세와 앙드레 지드, 톨스토이, 제인 오스틴 같은, 내 수준으로는 범접할 수 없는 책들을 읽는 그 친구가 너무나 신기했다. 종이와 활자 안에 그렇게 무궁무진한 세상이 펼쳐진다는 게 너무나 경이로웠다. 그렇게 따라 읽기 시작한 『데미안』이 준 커다랗고 강렬한 충격은 아직도 잊을 수 없는 기억으로 남아 있다.

부조리라는 단어를 알기 전에 느꼈던 인생의 부조리

어린 시절의 기억이 다 아름다운 것만은 아니었다. 자상함과는 거리가 먼 권위적인 아빠 밑에서 자랐기에, 나는 언제나 단란하고 즐거워 보이는 한 가족을 부럽게 바라보곤 했다. 미군 부대를 다녔던 그 아저씨는 늘 퇴근 후 막내아들을 목말을 태우고 다니셨다. 내 눈에는 적어도 그 마을에서 가장 행복해 보이던 가족이었다. 하지만 어느 날 아저씨가 사고로 돌아가셨다. 이후 아저씨의 부인이 바람이 나서 아이 넷을 버리고 도망갔다고 어른들이 혀를 차며 수군거리는 소리를 들었다. 아이들은 줄지에 고아가 되었고, 그렇게 귀염받던 아이들은 과일을 들고 다니며 팔았다. 맏아들은 다니던 학교를 그만두고 공장에 들어가 동생들을 위해 일한다고 했다. 그런데 몇 달이 지나 그 공장에 불이 나서 형도 죽고 말았다.

　아이들은 먼 친척 집으로 뿔뿔이 흩어지게 되었고, 그 후로 그들은 보이지 않았다. 사실 아무에게도 이야기하지는 않았지만 나는 슬픔과 화가 치밀어 올랐었다. 그 사건 이후로 내가 아련하게 느끼던 세상의 따뜻함과 안전함과 아름다움은 점점 무너져 내렸다. 부조리라는 개념 또는 단어를 인지하기 전에 이미 부조리한 세상의 단면을 보게 되면서 적잖이 충격을 받았던 듯하다. 아무런 잘못도 없는 아이들이 무방비 상태로 그렇게 운명이 바뀔 수 있다는 것이 너무나 부당해 보였다. 아무리 관찰자 입장이었다 해도, 어린 내가 감당하기에는 너무 슬픈 실화였던 것이다.

사라지는 것들

어느 날 우리는 그 시절 양옥집이라 불리던 형태의 2층짜리 붉은 벽돌집을 지어, 그 동네에서 그리 멀지는 않은 곳으로 이사 가게 되었다. 뉴스에서는 연일 박정희 대통령의 사망 뉴스가 나오던 때, 우리는 그 마을을 떠나면서 그런 캐릭터의 이웃들과 오가며 지내는 삶에서 조금씩 멀어져갔다. 자전거를 타고 가끔 그 마을을 들렀지만 나도 점점 커가고 내 세계도 조금씩 달라지면서 그 시끌벅적하던 마을은 점점 추억으로 사라졌고, 서울로 이사를 오면서는 더욱 멀어져버렸다. 이제는 재개발되고 아파트촌이 빽빽이 들어서면서 그 마을은 사라졌다. '사라지는 것'들은 '다른 곳'을 의미한다.

　지금은 사라졌지만 어딘가에서 삶을 이어 나갈 그 모든 사람들을 떠올려본다. 다양한 인간 군상이 섞여서 살던 어린 시절의 기억들이 우연치 않게 소렌티노의 영화를 보면서 새록새록 살아났다. 아마 요즘 아이들에게는 이렇게 다양한 계층과 성격의 사람들과 어울려 지내며 산다는 것은 있을 수 없는 이야기일 것이다. 어린 시절의 추억은 영원히 마음속에 남아 언제고 떠올리게 되는 따뜻한 힘이 있다. 그래서인지 흰 눈이 펑펑 내리거나 노을이 지는 저녁, 노스탤지어한 감상에 젖어 들 때면 시시껄렁할 수도 있는 그 마을이 더욱 그리워지기도 한다. 그리워할 대상이 있다는 것은 행복한 일이다.

햇살 예찬, 죽음의 사유

요즘 매일 일기예보를 확인하는 버릇이 생겼다. 다음 날 날씨를 알고 마음의 준비를 하기 위해서다. 어쩌다 이렇게 날씨의 영향을 받게 되었는지 모르겠지만, 날씨라는 것이 단순한 기상학적 사실이 아니라 나의 내면 상태와 조응하는 무엇이 된 것이다.

　젊은 날은 어둠이 내리면 비밀에 둘러싸인 듯한 밤이 좋았는데, 언젠가부터는 아침에 커튼 사이로 스미는 햇살을 보면서 일어나는 시간이 점점 좋아졌다. 처음 독일에 왔을 때는 사람들이 비 오고 흐린 날씨를 불평하는 게 이해되지 않았다. 나는 독일이 비가 오고 흐려서 더 좋았기 때문이다. 그러다 기나긴 흐린 날들을 겪어보니, 나도 어느덧 그런 날씨를 불평하게 되었고 햇살의 소중함을 더욱 절실히 알게 되었다. 그리고 햇살을 받는 날은 온몸에 퍼지는 엔도르핀을 실제로 느끼는 듯한 착각마저 들었다. 흐린 날도 태양은 늘 그 자리에 있고 구름에 가려져 있을 뿐이라며 스스로 위안도 하면서 말이다. 우중충한 유럽에 살면서부터 그렇게 햇살 예찬론자가 되었다.

그런데 신기한 점은 햇살이 너무 눈부신 날은 집중이 잘 되지 않는다는 것이다. 우주에 존재하는 생명체들이 태양의 핵융합으로 생기는 빛과 에너지를 기반으로 살아가는 만큼, 햇살이 그 자체로 너무나 완벽하기 때문일 수도 있다. 말하자면 태양은 가장 강력한 에너지의 근원인 것이다.

나는 아르튀르 랭보의 시 중에 "온몸에 햇살을 듬뿍 받으며 정처 없이 걷고 싶습니다"라는 시구를 가장 좋아한다. 상상만으로도 행복해지는 순간이 아닐 수 없다. 알베르 카뮈는 『안과 겉』에서 "내 유년기를 내리쬐던 아름다운 햇볕은 내게서 원한의 감정을 앗아 갔다"라고 말한다. 카뮈는 글에서 유난히 햇살 이야기를 중요하게 다룬다. 소설 『이방인』에서는 책 속의 글인데도 눈이 부실 정도로 햇살이 내리쬐는 듯하다. 그리고 『이방인』의 주인공 뫼르소는 햇살이 너무 눈부셔 살인을 했다고 하기에 이른다. 『페스트』에서도 햇살은 중요한 역할을 한다. "화창한 햇빛이 그저 비춰주는 것만으로도 얼굴에 기쁨이 넘쳤지만, 비가 계속되는 날이면 그들의 얼굴과 생각에는 두꺼운 베일이 드리워졌다."[27]

누군가 우울하다고 하면 나는 커피를 마시면서 햇살이 가득한 아침 하늘을 보라고 한다. 그러니까 '아침에 떠오르는 태양을 볼 수 있다는 것만으로도 감사하거나 행복하면 안 될까?' 하는 마음이 담겨 있는 위로의 말이다. 물론 우울한 사람들에게 그런 것쯤은 그다지 중요하지 않을 것이다.

자살할 권리를 선택한 예술가들

어느 날 나는 우연히 인생을 깊게 사유하며 세상에 좋은 영향을 미친 작가나 철학가, 예술가 중에 꽤 많은 사람들이 스스로 생을 마감했다는 사실을 알게 되었다. 눈부시게 아름다운 날 죽음에 관한 단상들을 쓰고 있다는 것이 아이러니하지만, 인생은 그런 아이러니의 연속이긴 하다. 어느 심리학자의 자살에 관한 연구를 보면 자살은 사계절 중에 봄, 시골보다는 도시, 전쟁시보다 평화의 시기에 더 많이 일어난다고 한다.

토머스 채터턴, 제라르 드 네르발, 오토 바이닝거, 슈테판 츠바이크, 버지니아 울프, 발터 벤야민, 세르게

이 예세닌, 어니스트 헤밍웨이, 존 베리먼, 로맹 가리, 질 들뢰즈, 실비아 플라스, 데이비드 포스터 월리스, 사라 케인.

이들의 공통점은 모두 자살할 권리를 선택하고 실행에 옮겼다는 것이다. 위에 언급된 사람들 외에도 커트 코베인처럼 자살로 생을 마감한 다른 팝 예술가들도 있지만, 작가나 사상가, 극작가 중에 나에게 어떤 식으로든 영향을 준 사람들에 한한 이름들이다. 주어진 인생을 살아내느라 자살 같은 것은 생각지도 못하는 내가 그들의 죽음이라는 사건을 나의 세계관에 빗대어 감히 어떤 논증 안에 넣을 수 있는 것은 아니다. 또한 그들의 자살을 예찬하거나 그것이 그들의 예술과 삶을 더욱 의미 있게 마무리했다고도 할 수는 없을 것이다. 다만 이들은 어찌 보면 나이가 들수록 어떤 신념에 고착되어 안주하기보다, 자신들이 쌓아 올린 형상들을 스스로 부수어버리고 오히려 무질서를 향해 가던 사람들이 아니었을까 생각해본다.

카뮈는 "정말로 진지한 철학적 문제는 오직 하나, 그것은 바로 자살이다. 인생이 굳이 살 만한 가치가 있는 것인지 아닌지를 판단하는 것, 그것은 철학의 근본적 질문에 대답하는 것이다"[28]라고 했다. 그 누구보다도 열정적으로 인생의 아름다움을 찬미하고 적극적으로 살아온 사람들이 왜 결국에는 자살을 선택해야 했을까? 시대적 상황과 복잡하게 얽힌 한 인간의 정신적인 고통과 결국 불안에 휩싸여 자살을 결심한 천재 예술가들의 선택은 타인으로서는 도저히 알 수 없는 일이다. 다만 슈테판 츠바이크가 남긴 다음과 같은 유서에서 아주 미미하게나마 상상해볼 수는 있는 것 같다.

"나는 이 시대에 어울리지 않는다. 이 시대는 내게 불쾌하다."

물론 그 시기는 나치를 피해 기나긴 망명 생활을 하던 때이지만, 예술가들의 자살을 이 한 문장으로 이해할 수 있는 것은 아니다. 어째서 그들은 그토록 삶을 관조하고 위대한 창작을 하다가 그런 선택을 했을까? 그 답을 찾을 수는 없지만 죽음이란 것을 한 번 더 사유해본다.

죽음의 사유

파스칼 키냐르는 갓 태어난 아기는 죽음에 가장 가깝다고 말한다. 죽어서 가는 세상과 이 세상에 도착하기 전에 있던 세상은 똑같이 저승이고, 아이들은 이 세상에 도착한 지 얼마 되지 않았기 때문이라고 한다. 그러니까 죽은 뒤의 시간을 생각하면 두렵지만, 우리는 대부분 자신이 태어나기 이전의 그 엄청난 시간에 자신이 존재하지 않았음에 대해서는 생각하지 못한다.

　나는 어느 순간부터 주변의 죽음들을 마주하며 죽음을 직시하게 되었고, 죽음을 모르고 삶을 산다는 것은 허상이란 생각을 하게 되었다. 내일 죽으면 오늘의 나는 무엇을 할 것인가, 그 결정을 하지 않는다면 그저 일상을 따라 시간이란 물결에 떠밀려 결국 죽음에 도달하게 될 것이다.

　우리는 모두 사라지기 위해 존재한다. 존재하는 모든 것은 멈춰 있는 것이 없고 종말을 향해 간다. 세상의 모든 사람은 언젠가는 죽는다는 사실만큼 분명하고 확실한 명제는 없다. 아니, 어쩌면 유일한 진리가 아닐까 싶다.

　언젠가 이 우주를 차지하는 수천수만 가지 요소 중에 실제 생명체는 아주 작은 부분만을 차지하고 있다는 말을 들은 적이 있다. 과학적인 관점에서 보면 이 우주의 존재 조건 속에 생명체라는 것은 그렇게 중요한 요소가 아니라는 것이다. 그리고 죽을 수 있는 선택권조차 없이 엄청난 진화의 과정 속에 사라져간 것들에 비하면, 죽을 수 있다는 것은 엄청난 행운이라고도 한다. 그리고 인간만이 죽음을 인지할 수 있는 동물이라고 한다. 물론 다른 동물의 관점은 알 수 없기에 인간의 관점에서만 말하는 것이겠지만.

　사실 인생이 무한하다면 더 이상 삶의 의미는 없

을 것이다. 아무것도 할 필요가 없고 무엇을 해도 그다지 의미가 없을 것이다. 그러므로 죽음을 이해하고 끝을 이해한다는 것은 삶을 이해하고 삶의 의미를 찾는 일의 기본적인 조건이 된다. 죽음의 두려움을 마주하면 역설적이게도 살아 있는 날들을 소중히 향유하게 된다. 죽음 앞에서 명예 또는 가시적인 것들의 덧없음을 깨달으면 자유로운 인생의 맛을 매 순간 느낄 수 있을 것이다.

자살한 두 작가가 쓴 글들을 소개하며 마무리하련다. 그들의 운명과는 너무나 거리가 있어 보이는 데이비드 포스터 월리스의 강연과 사라 케인의 희곡 속 독백이다.

만일 당신이 돈과 물건을 숭배한다면, 그리고 그것들을 가진 것에 삶의 의미를 부여한다면 당신은 절대 채워지지 못할 것이고 만족감을 느끼지도 못할 것이다. 자신의 몸과 아름다움 그리고 성적인 매력을 숭배한다면, 그리고 시간이 지나 노화가 진행되는 것을 본다면 당신에게 실제로 죽음이 다가오기 전에 수백만 번이나 죽음을 더 경험할 것이다. (…) 권력을 숭배한다면 당신은 스스로가 약하다는 생각과 두려움에 가득 찰 것이다. 그리고 그 두려움을 없애기 위해 더 많은 권력을 필요로 할 것이다. 자신의 지성과 똑똑해 보이는 것을 숭배한다면 당신은 결국 스스로가 멍청한 사기꾼이란 생각에 빠질 것이고, 누군가 이를 알아차릴까 항상 불안해할 것이다. 이러한 것들을 숭배하는 마음, 돈, 아름다움, 권력, 지성이 악하거나 죄스럽다는 뜻이 아니다. 이것들은 그저 의식이 없다는 것이다. (…) 진정 중요한 사실은 죽음 이전의 삶에 있다. 그것은 진짜 공부의 진짜 가치를 아는 것이다. 성적이나 학위를 말하는 것이 아니다. 그저 우리 삶에서 너무나 당연하고 기본적인 것, 얼핏 둘러봐서는 보이지 않기에 우리 스스로 계속해서 되뇌어 찾아야 하는 그 내면의 것을 깨닫는 것이 바로 진짜 공부의 가치다.

_데이비드 포스터 월리스, 케니언 대학 졸업식 강연에서(2005년)

내가 원하는 것은 너와 숨바꼭질을 하고, 너에게 내 옷을 주고, 네 신발이 마음에 든다고 말하고, 네가 샤워할 때 계단에 앉아 있고, 네 목을 마사지해주고, 네 발에 키스하고, 네 손을 잡고 함께 무언가를 먹으러 나가고, 내 접시까지 먹어 치운다고 화내지 않고, 바에서 만나 어떤 하루를 보냈는지 얘기하고, (…) 네가 저지른 바보 같은 행동을 비웃어주고, 네가 즐겨 듣지 않는 테이프를 주고, 재미있는 영화를 보고, 재미없는 영화들도 보고, 라디오 프로그램을 불평하고, 네가 잠잘 때 사진을 찍고, 한밤중에 너한테 커피를 가져다주러 일어나고, 네가 내 담배를 훔치지만 성냥을 찾지 못하고, 그 전날 저녁에 본 TV 프로그램을 얘기해주고, 널 안과에 데려가고, 네 농담에 웃지 않고, 이른 아침에 너를 원하지만 네가 더 잘 수 있도록 깨우지 않고, 네 등에 입 맞추고, 네 피부를 어루만지고, 네 머리카락과 눈과 입술과 목과 가슴과 엉덩이를 내가 얼마나 많이 사랑하고 있는지 말하고, 네가 집으로 돌아올 때까지 담배를 피우면서 기다리고, 네가 늦으면 걱정하고, 일찍 오면 깜짝 놀라고, 너한테 해바라기를 주고, 네 파티에 가서 쓰러질 때까지 춤추고, 내가 틀렸을 때 사과하고, 날 용서해주면 기뻐하고, 네 사진을 보고 너를 옛날부터 알지 못했던 것을 슬퍼하고, 귀에 네 목소리가 들리고, 네 피부의 감촉을 느끼고, (…) 네가 참 멋지다고 말하고, 네가 무서워하면 꼭 안아주고, 누군가가 너를 다치게 하면 널 감싸주고, 네 향기를 느낄 때 너를 원하고, 네가 옆에 있거나 멀리 있거나 하면 어린아이처럼 훌쩍거리며 울고,

네 가슴이 침으로 젖고, 밤중에 널 부드럽게 만져 주고, 네가 이불을 다 가져가면 떨고, 가져가지 않으면 열기에 숨이 막히고, 네가 미소 지으면 황홀해지고, 네가 소리 내어 웃으면 행복해지고, 왜 내가 널 버릴 거라고 생각하는지 전혀 이해하지 못하고, 네가 정말 누구일까 생각에 잠기고, 하지만 그대로의 널 받아들이고, (…) 너에게 시를 써주고, 왜 네가 나를 믿지 않는지 생각하고, 그것을 말로 표현하기에는 부족한 깊은 사랑을 느끼고, 네가 나보다 더 좋아해서 내가 질투하게 될 작은 고양이를 사주고, 네가 나가야 할 땐 침대 속에서 너를 붙잡고, 그러다 결국 네가 가버리면 어린아이처럼 울고, 네가 원치 않는 선물들을 사주고, 그걸 가게로 도로 가져다주고, 내 청혼이 진심이 아니라고 생각해 네가 계속 거절해도 처음인 것처럼 새로 청혼하고, 네가 원하는 것을 원하고, (…) 너한테 나의 제일 나쁜 점들을 이야기하고, 너는 그만큼 소중하니까 내 안에 있는 가장 좋은 것들을 주고, 난 그런 것을 별로 좋아하지 않지만 네 질문들에 대답하고, 내가 전혀 원하지 않을 때 너에게 사실대로 말하고, 네가 바라는 것을 알기에 솔직하게 행동하고, 내가 다 끝났다고 생각할 때 네 인생에서 나를 완전히 버리기 전에 짧은 그 10분 동안 너를 붙잡고, 내가 누구인지 잊어버리고, 너를 배우는 게 좋아서 더 가까이 있을 수 있게 노력하고, 그만큼 노력할 가치가 있기에 서툰 독일어로, 그보다 더 서툰 히브리어로 너에게 말하고, 새벽 3시에 너와 사랑을 나누고, 나도 모르게, 나도 모르게 기적처럼 감히 저항할 수 없는, 평생의 강렬한, 조건 없이 모든 것을 받아들이는, 심장이 터질 듯하고 정신을 풍요롭게 하고 끝없이 영원히 지속될 사랑을 너에게 느끼고 있다고 조금이라도 말하는 것이다.

_사라 케인, 『갈망Crave』 (1998년)

카페, 페르난두 페소아, 리스본

우리 동네에는 아주 특별한 힙스터 카페가 있다. 그곳은 내가 친밀한 타인들 속에 앉아 무목적인 글을 쓰거나, 책을 읽거나, 오가는 사람들을 관찰하기도 하는 곳이다.

　페르난두 페소아의 말을 빌리자면 시간을 낭비하는 일에는 미학적인 요소가 깃들어 있다고 한다. 이 문장으로 인해 죄책감 없이 카페에서 기꺼이 시간을 낭비하기도 한다. 어쩌다 가져간 책을 읽다 보면 두 시간이 훌쩍 넘어갈 때도 있지만, 전혀 눈치가 보이지 않는 것도 이 카페의 특별한 분위기다. 다양한 연령대의 손님들이 오가고, 가끔은 옛날 영화 속에서 바로 튀어나온 듯한 사람들의 독특한 패션을 구경하는 재미도 쏠쏠하다. 그 카페는 언제 가도 다양한 캐릭터의 인물들이 등퇴장하는 공연장이면서 또한 나만의 공간이 되기도 하는 곳이다.

카페 주인의 센스 있는 세밀하고도 빈티지한 인테리어 감각도 무대 세트에 한몫한다. 카페 문 앞에는 '와이파이 없음, 서로 이야기하세요(No Wifi, Talk to Each Other)'라는 팻말이 걸려 있다. 이곳에는 반짝이는 구두에 정장까지 갖춰 입고 신문을 읽는 노신사도 있다. 누군가는 나처럼 책을 가져와서 읽기도 하고, 젊은 엄마들은 아이들을 앞마당에서 놀게 하고 커피와 케이크를 즐기기도 한다. 그리고 지역 예술가들과 우연히 마주치게 되면 서로 인사를 나누기도 한다.

어느 날은 내가 댄서로 출연한 적 있는 〈레이디 맥베드〉라는 공연의 작곡가이자 연주자로서 멋진 음악을 두 시간 동안 라이브로 연주했던 안드레아를 만났다. 너무 오랜만이기도 했고 그의 강렬했던 음악이 여전히 떠올라서, 최근에는 어떤 음악을 하는지 물어보며 웹사이트나 음악을 들을 수 있는 방법을 알려달라고 했다. 그러자 안드레아는 자기는 이메일도 웹사이트도 없다고 대답했다. 그러고 보니 아직도 3G폰을 쓰고 있었다. 이 시대의 변화에 발맞추지 않고도 공연 음악으로 자신의 일을 지키고 활동할 수 있다니, 그것도 얼마나 멋진 일인가? 그 후에 우리는 지난 공연 연습 중에 일어났던 크고 작은 에피소드와 현재 작업 중인 프로젝트에 관한 이야기를 나눈 뒤 전화번호를 교환하고 헤어졌다.

　카페라는 공간은 나의 에너지와 취향과 케미가 맞아야 하는데, 그 카페는 해가 나면 나는 대로, 흐리면 흐린 대로, 비가 오면 오는 대로 특유의 공기에 젖어 들게 하는, 나에게 딱 맞는 매력적인 공간이다. 카페의 반은 2층으로 나뉘어 있는데, 꽤 큰 공간임에도 불구하고 어디에 앉아도 아늑하게 해주는 분위기 또한 내가 좋아하는 이유의 하나다. 심지어 커피, 브런치, 케이크 가격도 아주 착한 편이어서 부담도 없다. 어떤 날은 참새가 방앗간 들르듯이 하루에도 두세 번 이상 가게 되므로, 나 같은 카페 홀릭에게는 커피 가격도 은근히 신경 쓰이는 것이 사실이다. 그리고 아주 가끔 친밀한 타인들과 어떤 공감대로 마음을 터놓고 대화를 나누는 순간도 이 카페에서 일어난다. 바람이 구름을 흩어놓듯이 마음이 말랑말랑해지는 날, 딱 고정된 부조처럼 카페의 한구석에 붙어서 자기 안의 타자와 대화하는 정신적 사치의 시간은 말로는 표현할 수 없는 행복이다.

페르난두 페소아

가끔 책을 읽으면서 작가와 정신적인 사랑에 빠져드는 과정을 즐기는데, 모든 책과 모든 작가에게서 느끼는 건 아니다. 내 의식 속에는 있지만 말과 글로 표현되지 않는 것들이 누군가를 통해 표현된 것을 읽으면서 느끼는 결속감은 얼마나 짜릿한가? 그리고 시공간을 초월한 새로운 세상과의 만남이 종이 위의 활자를 통해 열린다는 것 또한 얼마나 경이로운가?

페르난두 페소아의『불안의 서』라는 책을 읽으면서 나의 또 다른 의식이 진솔하게 막 써 내려간 일기를 읽고 있는 듯한 발칙한 착각을 하며 한동안 푹 빠져지냈다. 그의 쓸쓸하고 고독한 인생 여정을 함께 나누며 그의 관조 속으로 동화되는 시간을 그 카페에서 보내곤 했다. 페소아의『불안의 서』를 이미 몇 번이나 읽었지만, 무인도에 딱 한 권의 책만 가지고 가야 한다면 나는 서슴없이 이 책을 가지고 갈 것이다.

한번은 카페에서 서빙하는 수염을 기른 젊은 친구가 커피를 가져다주다가, 잠시 내가 접어놓은 페소아의 책 표지를 보고 단번에 자기가 가장 좋아하는 작가라며 반가워했다. 어딘지 그가 독일 사람 같지 않아, 혹시나 페소아의 언어로 읽었을까 해서 어디서 왔냐고 물으니 스페인에서 왔다고 했다. 그럼 넌 스페인어로 읽은 거야? 나는 한국어로 읽었는데. 우리는 페소아가 쓴 포르투갈어가 아닌 다른 언어로 그의 글을 읽고 공감대를 형성한 것이다. 그러고 보면 페소아는 자신의 수많은 분신인 이명異名으로 모든 글을 썼다. 그러니 얼마나 많은 페르소나가 내재해 있었겠는가? 자기 안에 내재된 타인들이 살아 있는 그의 글 속에서, 서로 다른 우리가 각자 자신을 보게 되는 것은 어쩌면 당연한 일일지도 모르겠다.

페르난두 페소아는 포르투갈 리스본에서 태어나 (어린 시절 잠시를 빼고는) 생을 마감할 때까지 거의 리스본을 떠난 적이 없었다고 한다. 신문사에서 번역가로 일하며 시, 비평, 에세이, 희곡, 정치 평론, 영화 시나리오, 광고 카피, 탐정소설 등 장르를 불문하고 왕성하게 글을 썼지만, 스스로는 시인으로 불리길 원했다고 한다. 그는 일곱 살 때부터 시를 썼는데, 백여 명에 달하는 가상의 작가를 창조하고 각각의 정체성과 필명으로 글을 썼다. 각 이명마다 출생지, 성장 배경, 교육 수준, 직업이 다른 인물을 설정해두고 그에 따른 문체와 주제로 글을 썼다고 한다.

하지만 생전에는 단 한 권의 시집을 출간한 무명의 삶을 살았다. 사후 그의 집에서 발견된 '불안의 서'라고 철해진 상자 안에서 3만 페이지에 달하는 원고와 메모들이 발견되었고, 그의 유고 더미에서 발견된 원고들을 정리하여 사후 47년이 지나서야『불안의 서』라는 책으로 출간되었다. 지금도 그의 방대한 양의 글을 분류하고 출판하는 작업이 진행되고 있다고 한다.

페르난두 페소아는 그렇게 재조명받으면서 포르투갈의 국민 작가뿐만 아니라 변방의 포르투갈 문학을 유럽 모더니즘의 중심으로 끌어올린 작가로서 엄청난 반향을 일으키게 된다. 세계적인 문학평론가 헤럴드 블룸은 서양 문학사상 가장 위대한 작가 26인의 목록에 페소아의 이름을 올렸고, 미국의 언어학자인 로만 야콥슨은 작곡가 스트라빈스키, 화가 피카소, 작가 조이스, 건축가 르코르뷔지에의 특징을 종합적으로 지닌 위대한 시인이라 평하기도 했다. 프랑스의 철학가 알랭 바디우는 "철학은 최소한 아직까지 페소아의 조건을 갖추지 못했다. 그 사고방식은 아직도 페소아를 논할 자격이 없다"라며 페소아를 칭송했다.

페소아와 나의 결속감

- 열정이 배제된, 고도로 다듬어진 삶을 살기. 이상의 전원에서 책을 읽고 몽상에 잠기며, 그리고 글쓰기를 생각하며. 권태에 근접할 정도로, 그토록 느린 삶, 하지만 정말로 권태로워지지는

않도록 충분히 숙고된 삶.

- 나는 고대인들과 현대인이 고요히 공존하는 지적인 삶을 꿈꾼다. 그 안에서 낯선 감성을 통해 내 감성을 새롭게 하고 서로 모순되는 사상들로, 사상가들과 유사 사상가들 그리고 많은 작가들이 보여주는 모순으로 나를 가득 채운다.

- 나는 단 한 번도 변함없이 지속되는 감정을 가져본 적이 없으며 단 한 번도 영혼의 본질에 침투할 때까지 계속해서 나를 파고드는 격정을 느끼지 못했다. 내 안의 모든 요소들은 항상 어디로든 향하고 있으며 뭔가 다른 것으로 변화하려는 성질이 있다.

- 일생 동안 나는 형이상학적 무였으며, 내 진지함은 가소로웠다.

- 나는 현실을 위해 있는 존재가 아니다. 그런데도 삶이 나에게로 왔고, 나를 발견해버렸다.

- 아, 한 번도 존재하지 않았던 것을 향한 그리움보다 더 괴로운 감정은 없으리라![29]

위의 글들은 결코 내가 제일 좋아하는 페소아의 문장은 아니다. 그의 책 속에서 제일 좋아하는 문장을 고르는 것은 불가능하다. 매 순간순간 가슴에 절절하게 꽂히는 문장들이 다르기 때문이다. 여기서 또 페소아의 글을 빌리자면 "우리가 아름답다고 여기는 많은 것들이, 장소와 시간에 따라 달라지는 일시적인 가치에 지나지 않는다". 그러니까 위의 문장들은 그냥 이 글을 쓰는 이 순간에 꽂힌 문장이라고 해야겠다. 책 속의 활자로 된 글자들 또는 한 줄의 글이 이토록 나를 요란하게 흔들 수 있다는 것이 놀랍기만 하다. 늘 정체된 글자 속에서 감동받고 있는 나는 몸으로 움직이고 역동적으로 표현해야 하는 일을 평생 하고 있다. '이 간극은 무엇일까?'라고 일기장에 쓴 적이 있는데, 페소아의 글 속에도 이런 문장이 나온다. "나와 나 사이에 놓인 이 공간은 무엇이란 말인가?"

페소아의 글은 어떤 메시지도, 교훈도, 특별한 철학도 없다. 그저 한 인간의 의식이 흐르는 대로 느끼고 사유하는 것들을 늘어놓는다. 그럼에도 강렬하게 몰아친다. 열광적으로 빠지게 한다. 그런데 그의 글 속에 "열광이란 저속하다"라는 말이 쓰여 있다. 이 또한 얼마나 정확한 표현인가? 내가 광적으로 빠질 때 딱 느끼는 불편한 감정이었다. 나는 사실 너무 감성적이다. 그런 나를 보이는 게 싫어서 자신과 필사적으로 싸울 때가 종종 있는데, 너무 감성적이거나 열광적일 때 왠지 그것이 진실이 아닌 것 같았기 때문이다.

목적 없이 살기 위해, 존재하기 위해 할 수밖에 없었던 그의 글쓰기는 하이데거의 '내던져진 존재'에 나오는 '오로지 존재하기 위한 행함'과 연결되는 것 같다.『불안의 서』는 전생이나 그전의 먼 과거 어딘가에서 무척이나 외롭게 살았던 한 삶이 나에게 온 듯한 상상력으로 집중했던 작품이었다. 페소아의『불안의 서』는 피상적인 삶과 깊은 내면으로 침투해 들어오지 못하는 것들, 그 간극의 세계를 관조한다. 그리고 그의 영혼의 비밀들이 아포리즘적으로 펼쳐지면서 어떤 형식에도 매이지 않는 열린 형식을 취한다. 페소아는 절절하게 자신의 고독과 삶의 고통에 관해 거의 완벽한 문장으로 말하지만, 자신의 행복에 관한 서술은 단 한마디도 없다. 그럼에도 불구하고 그가 얼마나 자신의 고독과 불행을 깊게 사유하며 즐기고 있었는지 그저 온 감각으로 알 수 있다. 니체는 "스스로를 경멸할 줄 아는 자는 스스로를 경멸할 줄 아는 그런 자신을 존경한다"라고 했는데, 아마도 페소아가 그랬을 것 같다.

이토록 자신의 삶의 고통을 열정적으로 표현할 수 있다니, 이토록 인생의 덧없음을 비극적으로 표현하고 있는데도 아름다울 수 있다니. 페소아의 부정적인 관조와 깨달음은 묘하게도 긍정의 힘을 실어준다. 모든 사물을 너무 긍정적으로 바라보는 나의 내면과 너무나 잘 결속한다.

나는 페르난두 페소아, 그리고 사진작가 비비안 마이어 같은 사람들의 삶을 찬미한다. 적어도 자신의 이상과 삶의 행위가 일치하는 삶을 산다는 것은 얼마나 고결한가? 글을 쓰지 않으면 살 수 없었던 삶, 사진을 찍지 않으면 견딜 수 없었던 삶, 살아생전에 작가로 인정받지도 알려지지도 않은 채 그 고독을 견디고, 은밀한 자신의 열정을 작품으로 남기고 사라진 그들의 삶 말이다. 사후에 발견되지 않았다면 그들의 눈부신 작품들은 흔적도 없이 사라졌을 것이다. 다행히도 그 아름다움은 도저히 그냥 사라질 수 없는 운명이었던 것이다.

"종종 나는 서글픈 유쾌함으로 생각해본다. 언젠가 더 이상 내가 살아 있지 않을 미래에, 내 글이 칭송받고 길이 읽히게 될 날을. (…) 하지만 그때까지는 너무도 멀고, 이미 한참 전에 나는 죽은 몸일 것이다. (…) 아마도 언젠가는 어떤 사람들은 이해할 것이다. 내가 다른 인간들과는 달리 자연으로부터 번역의 의무를 부여받았고, 그에 따라 우리 세계의 일부분을 번역해온 것이라고. 그러면 그들은, 내가 일생 동안 이해받지 못한 자였으며 불행하게도 거부와 냉담의 한가운데서 살았고, 그것은 참으로 안타까운 일이라고, 그렇게 기록할 것이다.[30]

만약 내가 일찍 죽는다면, 책 한 권 출판되지 못하고, 내 시구들이 인쇄된 모양이 어떤 건지 보지도 못한다면, 내 사정을 염려하는 이들에게 부탁한다. 염려 말라고. 그런 일이 생겼다면, 그게 맞는 거다. 나의 시가 출판되지 못하더라도, 그것들이 아름답다면, 아름다움은 거기 있으리. 하지만, 아름다우면서 인쇄되지 못한다는 건 있을 수 없다. 뿌리들이야 땅 밑에 있을 수 있어도 꽃들은 공기 중에서 그리고 눈앞에서 피는 거니까. 필연적으로 그래야만 한다. 아무것도 그걸 막을 수 없다."[31]

누군가 페소아의 『불안의 서』는 지상에서 가장 슬픈 책이다, 라고 한 것 같은데 정말 그렇다.

리스본 여행

나는 아주 우연히도 페소아가 자신의 전부라고 여겼던 리스본을 여행하게 되었다. 리스본은 그가 평생 살았던 곳임과 동시에 관조의 대상이며, 그의 전 세계이면서 그의 삶 자체를 상징하는 곳이기도 하다.

독일에서 만난 오랜 친구인 브리타와 여행을 떠나기로 했다. 우리는 이십대 땐 용감하게 여행을 많이 다녔지만 각자 아이를 키우고 일하느라 둘만의 여행은 먼 이야기가 되어버렸다. 이제 아이들도 다 컸고 조금 여유도 생겨서, 정말 오랜만에 예전처럼 단둘이 여행을 가기로 한 것이다. 목적지는 우선 둘 다 가보지 않았던 곳으로 결정하기로 했는데, 당첨된 곳이 포르투갈 리스본이었다. 나는 소리를 지르며 덩실덩실 춤까지 추면서 신나 했다. 우리는 일주일의 일정 동안 먼저 하고 싶거나 가고 싶은 곳을 정하고, 하루씩 돌아가면서 상대방의 결정을 따라주기로 했다. 그리고 하루 정도 각자의 시간을 마음껏 자유롭게 즐기자고 했다.

리스본에 도착한 우리는 일단 테주강[江]이 마치 바다처럼 보이는 경치를 마주하고 천천히 저녁을 먹으면서 잠시 여행을 왔다는 것을 잊을 만큼 수다의 꽃을 피웠다. 그리고 다시 제정신으로 돌아와서 계획을 세웠다. 우선 나는 페소아가 마지막까지 살았던 집을 개조해서 박물관으로 만든 페소아 하우스를 보고, 그가 들르던 카페를 가보고, 국립현대미술관을 가기로 했다. 나머지 시간에는 친구가 원하는 곳을 함께 다니며 맛난 해산물 요리를 먹고 천천히 리스본을 음미하고 다닐 수 있으면 충분했다.

소멸하는 불멸의 오후, 우수에 잠긴 냉담한 저녁

둘째 날, 드디어 트램을 갈아타고 페소아의 집을 향해 언덕길을 걸었다. 팔구십 년 전 매일 아침저녁으로 페소아가 사유하며 걸었을 그의 집으로 가는 길을 유유히 걸었다. 낯선 리스본 거리를 걸으며 평소 낯선 거

리, 낯선 풍경을 극도로 싫어했던 페소아를 느낀다는
것이 아이러니했다. 사실 그의 책 속에 수도 없이 나오
는 도라도레스 거리를 상상했었기 때문에, 그리 낯설지
만도 않았다. 상상은 누군가 상상할 때 살아 있게 된다
고 하는데, 그 상상의 거리를 내가 실제로 걷게 된 것
이다.

그런데 분명 웹사이트에는 정상적으로 열려 있는
것으로 나왔는데, 도착해서 보니 페소아 하우스는 수
리 중이었고 내년에 다시 연다는 것이었다. 나는 너무
나 안타까워 밖에서 보이는 수리 중인 집을 핸드폰에
담았다. 페소아의 글처럼 소멸하는 불멸의 오후, 그리
고 고요한 도시에 고인 저녁의 아름다움을 보면서 페
소아 하우스 주변을 걸었다. 그야말로 우수에 잠긴 냉
담한 저녁이었다.

그리고 하루는 페소아와 예술가들의 성지였던 카
페 브라질리아에 들렀다. 옆 테이블에 멋쟁이 중년 여
성이 커피를 마시며 포르투갈 신문을 읽고 있었다. 그
포스로 보건대 분명 나 같은 관광객은 아니었다. 카페
앞에는 페소아 동상이 있었고, 나는 관광객 모드로 그
옆에 앉아 기념사진을 찍었다. 무언가 피상적이긴 했
지만 적어도 나의 경외심은 깊었다. 그리고 리스본의
명소들을 다 지나간다는 그 유명한 28번 노란 트램을
타고 그라사 전망대에 올라 울긋불긋한 지붕들이 한눈

에 들어오는 광경을 보고 있노라니, "하루여, 흔들리지 않는 네 종말을 향해서 걱정 말고 가라. (…) 이 쓸모없는 오후의 멜랑콜리여"라는 『불안의 서』의 한 구절이 절로 떠올랐다.

리스본 여행 중에는 물론 친구가 원하는 곳도 함께했다. 파두[32] 공연으로 유명하다는 바에 들러 멜랑콜리한 포르투갈 음악도 듣고, 전망 좋은 안락한 카페에 나란히 앉아 나는 무언가를 끄적이고 친구는 수업 준비를 위해 책을 펼쳐놓고 잠시 일하기도 했다. 그리고 활동적인 그녀답게 카약을 타보고 싶다고 해서, 대서양 노스 해변에서 수평선을 보며 종일 카약을 탔다. 솔직히 그 좁은 카약에서 달랑 노를 저으며 바다로 나가는 것이 생각보다 너무 무서웠지만 꾹 참고 함께했다. 나중에 들어보니 친구도 강이나 호수에서는 카약을 타봤지만 바다에서 하는 건 처음이라 생각보다 무서웠다고 한다. 눈에 보이지는 않지만 바다 물결과 바람이 거셌고, 저어도 저어도 육지에서 멀어져만 가는 게 얼마나 아찔하던지, 프로 카약 지도자의 도움이 없었더라면 우리는 아마 난파되고 말았을 것이다. 다음 날 온몸이 뻐근하고 팔근육이 아팠다. 그래도 친구의 취향을 공유하는 새로움도 나름 즐거운 추억이 되었고, 심지어 이제는 카약을 보면 오히려 꼭 타보고 싶어질 정도가 되었다.

거리마다 있는 예쁜 기념품 가게에는 다양하게 디자인된 페소아의 모습이 리스본을 상징하듯 온통 도배되어 있었다. 페소아가 저세상에서 자신의 얼굴이 이토록 상품화되어 팔리고 있는 상황에 대해 무어라 생각할까 하는 쓸데없는 생각을 하면서도 사진을 찍었다. 하지만 나는 그렇게나 많이 널려 있는 기념품을 보며 단 한 개도 사지 않았다. 그렇게 상품화된 기념품을 사기에 페소아는 나에게 너무나 깊게 자리 잡고 있었기 때문이다.

여행은 휴식이 아니라 아주 즐거운 존재함이다. 여행이야말로 존재론적인 요소들로 가득하다. 어차피 집으로 돌아가야 하기에 소유하거나 어떤 자리를 가질 필요가 없기 때문이다. 사실 우리 인생도 언젠가는 온 곳으로 돌아가야 하는 여행이다. 우리는 마치 영원히 살 것처럼 소유하고 어떤 위치에 가고 싶어 하지만, 여행의 즐거움은 그런 소유함의 목적에서 자유롭게 단지 존재하면 된다. 그리고 여행의 규칙은 돌아갈 때 우리는 아무것도 가져갈 수 없다는 것이다.

『불안의 서』에 관한 김소연 시인의 글처럼, "이 (엉망진창인) 세계를 온전히 이해하기를 포기할 권리, 삶의 숭고함에 나를 헌납하여 삶의 노예가 되지 않기 위하여 체념을 선택할 권리, 그러니까 한없이 나약할 권리, 끝없이 불안할 권리, 권태로울 권리와 공허할 권리, 그리하여 질 나쁜 인간의 세상과 거리를 두고 질 좋은 고독을 향유할 권리"[33]를 찾고 싶은 사람에게 『불안의 서』를 권하고 싶다.

©김윤정

카페 브라질리아 앞 페소아 동상

올 어바웃 러브 All about love

사랑에 관한 단상을 쓰기 위해 매일 아침 들르는 카페에서 사랑에 관한 책들을 읽는다. 하지만 책을 읽다 보면 글 한 줄 쓰지 못하고 시간이 다 가버린다. 사랑에 관한 이야기가 이토록 다양하게 펼쳐지고 분석되고 있다는 것이 놀랍고, 더 놀라운 것은 그렇게 다양한 담론이 있지만 사랑에 대한 정의는 여전히 어렵다는 것이다.

롤랑 바르트는 『사랑의 단상』에서 "사랑의 담론은 일종의 유폐된 출구"라고 말한다. 그럼에도 불구하고 동서고금을 막론하고 끊임없이 이야기되고 예술의 주제가 되는 것은 사랑이다. 수많은 예술가들이 자신만의 표현 방식으로 다양한 작품을 창조했지만, 여전히 그들도 절절히 사랑을 갈구한다. 크리스티앙 보뱅은 에세이 『작은 파티 드레스』에서 "예술의 진수는 사랑하는 삶의 찌꺼기에 불과하며, 사랑하는 삶만이 유일한 삶이다. 위대하다든지 시인라든지 문학이라는 것도 무의미한 말이다"라고 표현한다.

언젠가 친구가 들려준 말이 생각난다. 그 친구가 소르본 대학에서 철학 강의를 듣던 시절, 키가 작고 배도 불룩 나온 나이도 꽤 드신 철학 교수님이 있었는데 그분이 입만 열면 너무 섹시해서 사랑에 빠질 것 같다고 했다. 아니, 그 순간만큼은 사랑에 빠진다고 했던 기억이 난다. 그 강의를 들어본 적은 없지만 너무나 이해되고 공감이 가는 기분이었다. 어쩌면 이것은 여자들의 특성일지도 모르겠다. 여자들은 관능적인 사랑이 아니어도 사랑에 빠질 준비가 되어 있는 것이다. 내가 남자가 아니므로 남자들도 그렇다고 누군가가 말한다면 그럴 것이다.

이렇듯 사랑의 대상은 다양하다. 아우구스투스 황제는 인간을 좋아하지 않은 탓에, 한 장소를 대상으로 사랑에 빠졌다고 한다. 폭풍우 같은 남녀의 사랑보다는 어떤 장소와 사랑에 빠지고 그 대상 속으로 사라지고 싶은 마음은 얼마나 멋진 환상인가? 이렇게 모든 사랑하는 것에는 매혹하는 무엇이 있는 것이다. 심지어 사랑은 우리가 원하는 줄도 몰랐던 것들을 깨닫게 해주기도 한다.

사랑에 빠지고 싶다거나 사랑하고 싶다는 감정은 다시 말해 무언가에 매혹되어 바라보는 것만으로도 벅차고 설레고 싶다는 것이다. 그런 순간들이야말로 자신이 살아 있다는 걸 본능적으로 느끼게 해주기 때문일 것이다. 누군가는 그것이 호르몬의 작용으로 정상 기능이 마비되는 순간이라고도 하지만, 현실적인 규칙들이 가득한 세상에서 그토록 아름답고 혼미한 순간들이 찾아온다면 과연 누가 거부할 수 있을까? 어떤 매혹에 빠져드는 황홀함이 예고 없이 자신의 인생으로 저벅저벅 걸어올 때, 그것은 충분히 빠져들 가치가 있는 것이다. 인생에 그런 순간들이 과연 얼마나 있을까?

롤랑 바르트는 "수많은 사람들 중에서 내 욕망에 꼭 들어맞는 이미지를 찾기 위해 얼마나 많은 우연과 놀라운 우연의 일치가 (그리고 어쩌면 얼마나 많은 탐색이) 필요했던가! 바로 거기에 내가 결코 그 열쇠를 알지 못하는 수수께끼가 있다. 왜 나는 그런 사람을 원하는 걸까?"[34]라고도 한다. 어떤 과장됨이 느껴지지만 가만히 들여다보면 어느 정도는 공감이 가기도 한다.

언어에는 적합하지 않은 사랑

언어로는 존재하지 않는 앎과 감정이 분명 존재한다.

그런데 사실 사랑은 언어에 적합하지 않지만 언어로 표현될 수밖에 없다. 무언가가 알려지려면 말해야만 하고, 또 일단 말해진 이상 일시적이나마 진실이 되는 것이다.

사랑에는 이율배반적인 것 또한 공존한다. 마치 사랑은 없고 사랑의 증거만 있다는 말처럼 사랑은 아이러니로 가득하다. 외롭다는 걸 모르면 사랑이 가능할까? 아니면 내가 외롭지 않고 완전할 때 진정한 사랑이 보이는 것일까? 〈완벽한 사랑〉이라는 작품을 공연했을 때, 다양한 장면들의 대사 속에 이런 텍스트를 이용했다.

A: 우리 사이의 거리를 좁히려면 한 발을 내디뎌야 해.
B: 나를 잡으려면 너부터 단단히 붙들어 더 단단히!

A: 지금 난 너 때문에 행복해 넌?
B: 난 이미 행복해. 그래서 널 사랑할 수 있지.

A: 네가 있어서 외롭지 않아 넌?
B: 내가 외롭지 않아야 네가 보여.

A: 좀 슬퍼 보이네?

B: 외로우니까.

A: 내가 이렇게 네 곁에 있는데 뭐가 외로운데?

B: 너는 나에게 단어로 말하고 나는 널 느낌으로
바라보니까.

뤼스 이리가레는 말로 이루어진 사랑을 실존적으
로 타자화되어 있는 우리 관계 속으로 어떻게 가져올
것인가에 관하여 다음과 같이 말한다.

"타자에게 자신의 얘기를 하면서도 그에게 자신
의 진리를 강요하지 않을 수 있는 능력이 필요하다. 또
한 타자의 말을 듣고 그 속에서 자신의 세계가 움직여
온 것과는 다른 의미를 알아낼 수 있는 능력도. 소통
하기 위해서 말은 항상 타자에게로 향해야 하며 말해
야 했던 것을 말할 수 없었던 상태로 스스로에게 돌아
와야 한다. 그렇지 않다면 타자는 더 이상 타자가 아닐
것이며 주체는 자율적인 지위를 상실할 것이다. 전달
불가능한 것이 항상 남아 있는 이러한 소통을 통해 그
것이 전달하는 의미는 더 깊고 풍부해진다."[35]

사이의 친밀함

하이데거는 『언어로의 도상에서』에서 단어의 최고의

규칙은 사물의 전유가 아니라 사물을 사물 그대로 놓아두는 데 있다고 말한다. 그러니까 타인에게 말을 하면서도 타인을 타인으로 존재하도록 하기 위해 타인의 내면을 침해하지 않는 것이다. 상대방의 내밀한 공간을 지켜줌으로써 사이의 친밀함이 생기도록 해야 한다는 말이다. 즉, "친밀함은 따로 거주할 것을 요구한다"는 것이다.

사물은 그 자체로 의미가 있다기보다 자신이 의미를 부여할 때 소중해지고 가치가 살아난다. 하물며 인간이란 말할 것도 없다. 누군가 내게 의미를 주고 관심을 줄 때 그 가치는 더욱 살아난다. 역으로 자신의 가치가 모두에게 의미 있는 것이 아니므로, 사랑받는 나 자신도 오직 그 한 사람에게 어떤 특별한 에너지를 주는 것이다. 단 한 존재를 바라보고 그 존재의 찬사를 받는 사랑은 그 무엇과도 비교할 수 없는, 얼마나 가치 있는 것인가?

사랑은 결혼으로 완성되는가?

러브 스토리나 로맨스 영화를 보면, 대부분 사랑에 빠져 좌충우돌하다가 결국은 결혼을 암시하며 영원히 행복하게 살게 된다는 해피 엔딩으로 끝난다. 결혼 이후 살아갈 날이 많음에도 그 후 그들의 사랑에 관하여 다루는 이야기들은 별로 없다. 또한 부부의 사랑은 어쩐지 별로 다뤄지지 않는다. 그 자체로 완성이 됐다는 듯이 말이다. 과연 그럴까?

한때 니체를 탐독하던 시절, 그를 사랑에 빠지게 하고 실연으로 절망에 빠트린 마력의 여자 루 살로메를 알게 되었다. 살로메의 파격적인 사랑의 행보는 시대를 뛰어넘어 여전히 충격적이다. 어딘가 중성적이면서도 매혹적인 눈빛을 가진 살로메는 외모보다 빛나는 지성을 지닌 여자였다. 그녀는 정신적인 사랑과 육체적인 사랑을 구분해서 남자들을 만났으며, 섹스 없는 관계와 자유연애를 조건으로 결혼하기도 한다. 그리고 실제로 그녀는 결혼 후 남편과는 정신적인 관계만을 유지하며 밖으로는 자유로운 연애를 하고 다녔다. 그녀를 열정적으로 사랑하고 그녀가 떠나고 난 뒤 자살한 당대 최고의 지성인들, 평생 지적·학문적 동반자였던 지크문트 프로이트, 더 이상 내게 줄 것이 없다면 당신의 고통을 달라고 애원하던 프리드리히 니체, 당대 최고의 시인 라이너 마리아 릴케까지, 그녀와 사랑에 빠진 남자들은 그녀와의 사랑으로 예술적 꽃을 피우면서도 결국 절망에 이른다. 당대 최고의 지성인들과 연을 맺고 파국으로 몰고 간 그녀에게 사랑은 무엇이었을까?

라이너 마리아 릴케는 그녀와의 열정적인 사랑을
나누고 이런 명시를 낳기도 한다.

내 눈빛을 꺼주소서,
그래도 나는
당신을 볼 수 있습니다.

내 귀를 막아주소서,
그래도 나는
당신의 목소리를 들을 수 있습니다.

발이 없어도
당신에게 갈 수 있고,

입이 없어도
당신의 이름을 부를 수 있습니다.

내 팔을 부러뜨려 주소서,
나는 손으로 하듯
내 가슴으로 당신을 끌어안을 것입니다.

내 심장을 막아주소서,
그러면 나의 뇌가 고동칠 것입니다.

내 뇌에 불을 지르면,

나는 당신을

피에 실어 나르겠습니다.

_라이너 마리아 릴케,『내 눈빛을 꺼주소서』

　사랑에 빠진 사람들과 사랑을 찾고 있는 모든 이들에게 건배의 잔을 들고 싶은 여름날 저녁, 작가 미상의 이 한 문장을 음미해본다.

　"당신을 스쳐 지나가면 난 모든 걸 스쳐 지나는 거야."

허구의 세상에 오신 것을 환영합니다

무대는 진짜가 아니다. 허구다. 그런데 사실 세상도 잘 짜인 허구에 의해서 돌아간다. 인생은 어쩌면 그 허구로 구성된 세상을 어떻게 믿고 다루느냐에 달려 있을지도 모른다. 우리는 무대에서 자신들의 역할을 진짜처럼 혼신을 다해 춤추고 연기하지만, 그 자체가 될 수는 없다. 그 자체인 듯 연기하고 그 순간만큼은 사람들에게 진짜인 것처럼 보여 감동을 주는 것이다.

허구 그 자체의 진실과 미학은 분명히 존재한다. 개인적으로 감정을 진짜처럼 보이기 위한 지나친 과몰입형의 연기나 퍼포먼스를 볼 때면 부담스럽다. 현실에서 절절하게 느껴지는 감정들은 생각보다 그렇게 밖으로 표출되지 않는다. 이야기는 어느 정도 허구적일 수밖에 없는데, 그 허구는 완전한 가짜도 아니고 완전한 진짜도 아니다. 그리고 무대 위 허구는 피상적인 미학을 잘 다루어야 한다.

유발 하라리는 저서 『호모 데우스』에서 허구라는 세상에 대해 다음과 같이 말한다.

"허구는 나쁜 것이 아니다. 허구는 꼭 필요하다. 돈, 국가, 기업 같은 허구적 실체에 대한 널리 통용되는 이야기가 없다면 복잡한 인간 사회가 제대로 돌아갈 수 없다. 똑같은 허구적 규칙들을 모두가 믿지 않으면 축구 경기를 할 수 없고, 허구 없이는 시장과 법원의 이점을 누릴 수 없다. 하지만 이야기는 단지 도구일 뿐이다. 이야기가 목표나 잣대가 되어서는 안 된다. 그것이 단지 허구임을 잊을 때 우리는 실제에 대한 감각을 잃게 되며, 그때 우리는 '기업을 위해 많은 돈을 벌려고' 또는 '국익을 보호하려고' 전쟁을 시작한다. 기업, 돈, 국가는 우리의 상상에만 존재한다. 우리는 우리를 도우라고 그것들을 발명했다. 그런데 왜 그것들을 위해 우리의 생명을 희생하는가?"[36]

허구에 관한 유발 하라리의 이야기는 꼭 국가적·종교적 차원이 아니라도 우리의 삶에도 적용되는 것이라고 본다. 그래서 우리는 세계에 의미를 부여하는 허구를 잘 해독해야 한다.

또 다른 허구, 메타버스

현대사회에서 우리는 누구도 피할 수 없는 또 다른 허구의 가상 세계를 살고 있다. 그런데 메타버스 말고 우리가 진짜라고 여기는 현실도 사실은 허구의 이야기들을 만들고 그걸 믿기로 공동으로 약속한 사람들이 모여 사는 곳이기도 하다.

메타버스라는 가상현실은 네 가지로 나뉘는데, 현실의 공간과 상황 위에 가상의 이미지와 스토리 등을 덧입혀서 새로운 세상을 현실처럼 보여주는 증강현실Augmented Reality, 각각의 개인들이 다양한 경험과 정보를 업로드하고 공유하는 세상을 의미하는 라이프로깅Lifelogging, 현실 세계의 정보와 구조 등을 복사하듯이 가져다 보여주는 방식의 거울 세계Mirror World, 현실과는 다른 공간 안에 디자인된 시대적 문화적 배경, 등장인물, 사회 제도를 만들어 그 속에서 살아가는 가상 세계 Virtual World가 있다.

우리는 메타버스라는 가상현실 속에서 더욱 풍부한 경험을 하게 되지만, 그 안에서도 중대 범죄가 일어

나고 이를 제대로 법적으로 제재하기에는 아직 많이
미흡한 것 또한 사실이다.

나의 메타버스 라이프로깅

주변에는 소셜미디어를 적극적으로 하는 친구와, 완전
관심이 없거나 나처럼 양쪽에 걸치고 있는 친구들로
나뉜다. 그런데 내가 보기에는 소셜미디어를 거의 하
지 않는 친구들의 삶의 질이 훨씬 높아 보인다. 그들은
대부분 현실 자체로 만족하며, 굳이 라이프로깅에 크
게 에너지를 쏟지 않고도 충만해 보인다.

그럼에도 나는 인스타그램이란 허구적 공간을 즐
긴다. 워낙 사진을 찍고 찍히는 걸 좋아하기 때문에,
인스타그램 같은 가상 공간 안에 사진을 올리는 일은
즐거운 취미 중 하나가 되었다. 눈에 보이는 사물들을
찍고 나면 실제 내 눈에 보이는 것과 사진으로 찍힌
순간이 전혀 다른 형식으로 남겨지는 것이 신기하다.
같은 사물도 찍는 시간과 날씨에 따라 매번 다르게 보
인다.

나는 멈추지 않고 흐르는 시간과 늘 변화하고 움
직이는 사물과 공간을 사진으로 고정시키는 순간을 즐
긴다. 그러고 보니 나는 매일, 매 순간 욕망한다. 욕망

은 언제나 무언가에 매료된 상태다. 나 자신을 위한 기록이라고는 하지만, 오픈된 공간 안에 일상을 공유한다는 것은 어느 정도 피상성을 가지고 있다는 걸 안다. 그 공간에서는 나의 절대 고독과 고통조차 미화시키고 싶은 욕망이 존재한다는 것도 얼마나 매력적인 허구인가? 사실 피상적이고 허구적인 것이 가지고 있는 미학은 인생에 대단히 중요하다.

중년이 되고 보니 적당히 세속적이면서도 적당히 탈속적인 삶을 살고 싶다고 생각한다. 아니, 이미 그렇게 살고 있는 것 같다. 인간에게는 신성과 수성獸性의 에너지가 함께 있다고 한다. 그러니까 나는 적당하게 그 사이를 마음대로 오갈 수 있으면 좋겠다고 생각한다. 나는 그런 라이프로깅을 하면서 내 안의 허영심을 들여다본다. 그런데 그건 문제가 아니다. 누군가의 시선을 받는 걸 즐기면서도 반대로 나만의 시간을 아주 조용하고 은밀하게 사유하고 즐길 줄도 알기 때문이다.

언젠가 독일에서 함께 작업하던 안무가 친구가 공연 연습을 하는 시간 외에도 따로 피트니스에 나가 운동하는 나에게 왜 그렇게 근육운동을 열심히 하느냐고 물었다. 남에게 잘 보이기 위해서? 우리는 동료보다도 꽤 가까운 친구였기에, 서로 그 정도 질문은 편하게 할 수 있었다. 나는 그렇기도 하다고 당당하게 말했다. 자기만족도 있지만 무대 위에 서는 내 모습뿐 아니라 어디에서든 나를 바라보는 타인의 눈도 의식하고 싶다고 말이다. 자기만족과 함께 어느 정도는 누군가 나를 바라보는 시선도 중요하고, 나이가 들어도 그걸 포기하고 싶지는 않다고 말했다. 꽤나 탈속적인 삶을 살던 친구에게 나에게는 세속적인 삶도 중요하다고 말한 것이다. 그 말을 들은 친구가 나에게 "네가 방금 한 말을 내 작품의 대사로 써도 될까?" 하고 물어서 우리는 웃었다. 1년 내내 검은 티셔츠와 검은 바지만 입고 다니는 그에게 나의 말이 황당하면서도 재미있게 들린 듯하다.

사실 누군가가 자신을 바라보는 시선을 신경 쓴다는 것 자체는 허영이다. 물론 세상은 생각만큼 나를 중심으로 돌아가지 않는다는 걸 안다. 그리고 사람들은 그다지 나에게 관심도 없고 그렇게 시선을 주지도 않는다. 그러니까 나는 세상의 중심이 아니다. 그런데 나에게만큼은 어쩔 수 없이 세상의 중심이 나다.

I photo, therefor I am

파트너도 나 이상으로 사진을 찍는 걸 즐긴다. 그가 바라보는 관심사는 나와는 사뭇 다르지만, 우리는 사진으로 많은 이야기를 나눈다. 그는 "나는 생각한다, 고로 존재한다"라고 했던 프랑스 철학가 르네 데카르트 400주년에 맞춰, 그동안 아이폰으로 찍은 사진들로 『I photo, therefore I am』이라는 제목의 포토 북을 출판하기도 했다. 청소년기 시절부터 사진을 찍어 독일 청소년 사진상Deutscher Jugendfotopreis까지 받았던 그가, 아날로그에서부터 디지털화되어 가는 시대를 목격하며 찍은 사진으로 현대인을 표현한 포토 북이다.

우리는 가끔 하고픈 말을 문자가 아닌 사진으로 주고받기도 한다. 그리고 언젠가는 단순히 집에서 소비하고 있는 모든 것을 찍어서 사진집을 낸 적도 있다. 누군가 이 사진들은 그렇게 중요하지 않은 것 같다고 하자, 그는 거기서 아이디어를 얻어 책 표지 한구석에 '나를 커피 테이블 위에 놓아주세요'라는 앙증맞은 부제를 달았다. 책꽂이에 꽂아두기보다는 커피를 마시며 가볍게 보라는 의미로 말이다.

사진을 찍으면서 깨닫게 되는 진실의 순간들

그렇게 매일 일상을 기록한다는 의미로 사진을 찍으면서 깨닫게 된 것이 있다. 사물도 사람도 모두 생각보다 각자 어울리는 자리에 있다는 것이다.

그러므로 우리는 불평할 것이 없다. 그렇게 살 수밖에 없는 각자의 성향, 생각, 행동 또는 원형적인 습관이 우리를 그 자리에 가져다 놓은 것이다. 먼지가 바람에 날리다가 결국 구석이라는 자기 자리로 돌아가듯이 말이다. 사람도 사물도 각자 어울리는 자리에 있는 모습을 찍을 때, 그리고 전혀 어울리지 않는 곳에 있을 때 느껴지는 기이함에서도 영감을 받는다. 아마도 당분간은 그렇게 매일 찍고 업로드하고 공유하게 될 것 같다. 그런데 문제는 언젠가 내가 세상에서 사라지는 날, 이 모든 것들이 나와 함께 흔적도 없이 사라지기를 바란다는 것이다.

가을날, 프랑스 영화, 다가오는 것들

가을은 왠지 고독해도 될 것 같은 계절이다. 가을에는 불행 속에 빠져들어도 되는 특권을 부여받은 듯하여 마음껏 불행해진다. 기왕이면 매우 근원적이면서도 시작도 끝도 없는 심연 속으로 빠져드는 불행이었으면 하는 열망에도 빠진다. 불행하고 싶은 열망이라니! 가당치 않은 소리 같지만 우리에게 가을이 없었다면 이 불안함에, 이 고독에 기댈 근거가 없었을 테니 얼마나 다행인가.

가을은 떨어지는 낙엽들처럼 흔들리는 계절이기도 하다. 사실 우리는 흔들리고 있어야 균형을 유지할 수 있으며, 흔들릴수록 자기 자리를 찾아갈 수 있다.

〈그런데 사과는 왜 까먹었습니까?〉 재공연을 준

비하느라 서울에 갔을 때였다. 언제나 느끼는 것이지만, 서울이라는 도시는 지구상에서 시간이 가장 빨리 가는 곳일 것이다. 서울에서는 가을조차도 빠르게 흘러간다. 느림의 도시에서 빠름의 도시로 오면, 가끔 몸은 따라가고 있지만 영혼은 뒤처져 있을 때가 있다. 그속도를 따라잡기에 버거운 것이다. 그래서인지 오히려 조용한 여유의 시간이 생기면 당황스럽기까지 하다. 그런 날은 그런대로 나른하고 무기력하게 두어야 한다. 특히나 가을에는 말이다. 뒤처진 영혼이 몸의 스피드를 따라잡을 수 있도록.

연습도 약속도 없는 날, 어슬렁거리며 하루쯤은 그냥 그렇게 두기로 한다. 그리고 그냥 바라보기로 한다.

가을과 결속하는 나의 중년

한 사람의 인생을 사계절로 나눈다면 중년이 된 나의 인생은 딱 가을쯤 온 것 같다. 그래서 가을은 더욱 결속을 느끼는 계절이기도 하다. 그 계절이 풍기는 느낌에 젖어 드는 '나'라는 존재는 그냥 뚝 떨어진 '나' 하나가 아니다. 나를 둘러싸고 있는 공기, 계절, 내가 처한 환경, 내가 만나는 사람, 심지어 내 곁의 사물까지, 이 모든 것을 포함하는 에너지의 총체이다. 나를 포함

한 그 에너지의 파장으로 연결된 모든 것은 나라는 범
주 안에 들어가는 것이다. 그러므로 현재 나는 변화하
는 동사 같은 가을이다.

가을은 독서의 계절, 사색의 계절이라고 하는데,
우연히도 이 가을날하고 너무나 잘 맞아떨어지는 프랑
스 영화를 보았다. 사실 몇 년 전에 본 영화지만 이런
대사, 이런 장면이 있었나 할 정도로 마치 처음 보는
것처럼 새로웠다. 그러고 보면 우리는 그렇게 많은 것
을 보고 느끼고 깨닫지만 다시 잊어버린다. 그리고 잊
어버리게 될 것들을 보고 듣고 읽고 느끼고 또 잊어버
리는 일을 반복한다. 우리는 무언가를 잊어버리지 않
기 위해 무한 반복을 해야 하나 보다. 내일이면, 한 달
뒤면, 일 년 뒤면 잊힐 순간들을 위해서 말이다.

영화 〈다가오는 것들〉

이 가을날 다시 보게 된 〈다가오는 것들〉은 내가 좋아
하는 프랑스 여배우 이자벨 위페르가 주인공으로 나오
는 영화다. 그녀는 버지니아 울프의 『올란도』를 원작
으로 한 로버트 윌슨 연출의 일인극으로 파리의 오데
옹 극장에 서기도 했다. 그리고 생존하는 작가 중에 내
가 가장 좋아하는 파스칼 키냐르의 소설을 원작으로

한 〈빌라 아말리아〉라는 영화에도 주인공으로 나왔다. 〈피아니스트〉라는 영화에서는 성도착증에 빠진 피아니스트를 연기했고, 홍상수 감독의 〈클레어의 카메라〉에도 출연한 적이 있다. 그녀는 시선을 사로잡는 화려한 연기보다는 섬세한 감정과 깊이 있는 내면 연기로 카리스마를 보여주는, 다양한 캐릭터를 넓은 스펙트럼으로 연기하는 배우다.

〈다가오는 것들〉은 중년의 나이가 되면서 한때 열정적으로 쏟아부은 것들이 하나둘씩 곁을 떠나고, 일에서도 밀려나면서 홀로 서는 여성의 이야기다. 영화 사이사이에 들어오는 묵직한 철학적·사회적 질문들은 사색의 계절인 가을과 잘 어울린다.

인생에서 다가오는 것과 사라지는 것은 무엇인가를 보여주는 주인공 나탈리는 고등학교 철학 교사다. 영화의 첫 장면은 나탈리가 가족 여행 중에 학생들의 시험지를 채점하는 장면으로 시작한다. 시험 문제는 "타인의 입장을 이해하는 일은 가능한가?"라는 주관식 문제다. 마치 복선처럼 그녀는 여행 도중 잠시 멈춰, 샤토브리앙의 무덤 앞의 "바람 소리와 파도 소리 외엔 아무 소리도 듣고 싶지 않다"라는 묘비명을 읽으며 음미한다. 영화는 나탈리가 읽는 사상가들의 책이나 강의하는 철학자의 사유를 자연스럽게 일상 속으로 가져온다.

한편 평생을 함께할 줄 알았던 나탈리의 남편은 젊은 여자와 바람이 난다. 남편은 결국 그녀의 곁을 떠나면서도 쇼펜하우어의 『의지와 표상으로서의 세계』를 돌려받는 집착을 보인다. 도덕적으로 타락한 사람이 집착하는 책의 제목이 사뭇 아이러니하다. 견고하게 자신의 신념대로 살아온 나탈리는 중년이 되면서 남편에 이어 자식들도 독립으로 떠나보낸다. 철학 교과서를 집필하던 주요 업무에서도 밀려나고, 홀어머니도 세상을 떠나고, 유일하게 잘 통하던 애제자도 급진적인 사상가가 되어 그녀를 비판하며 떠난다. 나탈리가 적당히 사회에 참여하지만, 세상의 근간을 흔들 수도 있는 중요한 사상은 모른 척했다는 이유에서다. 중년의 여자를 무너뜨리기에 충분한 남편의 배신과 애제자의 조롱 앞에 묵묵하게 반응하던 그녀는 조용히 혼자 잠시 흐느끼지만 시종일관 자신을 잃지 않는다.

나탈리는 소중한 것을 모두 잃어버리고도 한 번도 맛보지 못했던 온전한 자유를 찾았노라며 자신을 위로한다. 보통 영화에서 보일 법한 애제자와의 러브라인 같은 것은 끝까지 없다. 심지어 나탈리는 자신의 상황을 받아들이며 지적인 삶의 풍요로움을 누리기로 한다.

영화 속에서 나탈리가 철학 수업 시간에 다루는 명제들은 토론으로 결론을 내리기 힘들지만, 한 번쯤은 깊게 생각해볼 만한 여지를 남긴다. 학교 입구에서 노동자 인권을 위한 집회를 여는 학생들은 학교에 출근하려는 나탈리를 막아서며 당신은 노동을 착취당하는 게 괜찮냐며 항의한다. 그러자 나탈리는 자신은 자신이 하는 일을 좋아하고 그 일을 하러 가는 길을 너희들이 막을 권리는 없다고 말한다. 그녀는 한때 68운동 세대로서 급진적인 운동에 참여했던 경험이 있지만, 혁명을 원하는 젊은 세대와의 균형을 원하며 어느 쪽으로도 치우치지 않는 관찰자적인 태도로 일관한다. 시위하는 학생들을 뚫고 들어온 날 수업에서 그녀는 루소의 『사회계약론』에 나오는 구절을 읽어주며 토론해보자고 한다.

"만약 신들에 의해 통치되는 국가가 있다면 그것은 가장 민주적일 것이다. 그런데 그토록 완벽한 정부는 인간에게 적합하지 않다." 과연 토론은 어떻게 흘러갔을까?

어머니의 장례식에서 나탈리는 추모사로 파스칼의 『팡세』 속 한 구절을 읽는다.

"나는 사방을 둘러본다. 그런데 보이는 것은 오직 암흑뿐이다. 자연은 회의와 불안의 씨가 아닌 어떤 것도 나에게 제공하지 않는다. 만약 신을 나타내는 어떠한 것도 보이지 않는다면 나는 부정不定으로 마음을 정할 것이다. 만약 도처에 창조주의 표적을 볼 수 있다면 나는 믿음 속에 안식할 것이다. 그러나 부정하기에는 너무나도 많은 것을, 그리고 확신하기에는 너무나도 적은 것을 보기 때문에 나는 개탄할 상태에 있으며 그 안에서, 만약 신이 있어 자연을 뒷받침하고 있다면 자연이 신을 명확히 드러내 보여주거나, 아니면 자연이 보여주는 신의 표적들이 거짓이라면 그것들을 깨끗이 지워버리기를, 그리고 어느 편을 택할지 알 수 있도록 자연이 모든 것을 말하거나 아니면 아무 말도 하지 않기를 나는 몇백 번이나 원했는지 모른다. 이와는 반대로 내가 놓여 있는 상태에서 내가 무엇인지 또 무엇을 해야 하는지도 모르는 나는 나의 신분도 의무도 모른다. 내 마음은 진정한 선이 어디 있는지를 알고 그것을 따르기를 온전히 바란다. 영원을 위해서라면 나에게는 어떤 것도 지나치게 비싼 것은 아니다."[37]

나탈리는 자신에게 마지막으로 남았던 가족인 어머니마저 떠나보내면서, 이 추모사를 통해 자신의 절절한 심경을 드러낸다.

야외 수업 중에는 학생들과 "분명하게 확립되는 진리가 있는가? 진리는 논쟁 가능한가?"라는 주제를 가지고 토론을 벌이기도 한다. 진리가 확립되는 것은 시간과 시점의 문제가 되기도 한다면서, 결국 중요한 것은 진리의 존재 여부보다는 그 확립 기준이 무엇이냐에 달려 있다고 말한다. 그리고 "예술 분야에서 진리를 논할 수 있는가?"에 관해서도 이야기하면서, 예술의 진정성은 시간이 결정하기도 한다고 말한다.

그리고 마지막 강의에서는 장 자크 루소의 『신엘로이즈』를 읽는다.

"욕망이 있는 동안에는 행복하지 않아도 지낼 수 있는 것이죠. 기대할 수 있으니까요. 행복이 오지 않으면 희망은 연장되고, 환상의 매력은 그 근원인 정열이 지속되는 한 지속된답니다. 그러므로 이 상태는 그 자체만으로 충분하고, 그로 인해 야기되는 불안은 일종의 즐거움이 되며, 그 즐거움은 현실의 부족한 부분을 보충해주거나 어쩌면 현실 이상의 가치를 지니게 되지요. 아무런 욕망이 없는 자는 얼마나 불행한지! (…) 이미 획득한 것보다는 기대하는 것이 더 많은 즐거움을 주고, 그래서 행복하기 전에만 행복한 것이기 때문이죠."[38]

나탈리는 괴테의 『젊은 베르테르의 슬픔』에 영감을 주었던 이 18세기 베스트셀러 연애소설의 일부를 읽으며 행복의 역설에 관한 이해를 돕는다. 주인공들이 이루어질 수 없는 사랑 속에서 어떻게 더 고결한 행복을 얻게 되는지를 이야기하고, 이루어질 수 없는 연인들은 즉각적인 충족이 아닌 욕망을 끊임없이 지연시키는 데서 만족감을 얻는다고 설명해준다. 그러니까 "사랑하는 사람과 함께할 행복을 희망하다가 희망 자체로 행복해지는 것"이라고 말이다.

　영화의 마지막에 흐르는, 에이 플랫 단조로 서글프게 시작되는 슈베르트의 '물 위에서 노래함Auf dem Wasser zu singen'은 독일의 바리톤 가수 디트리히 피셔디스카우의 노래인데, 너무 아름다워 정신이 아득해진다. 그렇게 노래는 지적이고 감각적이며 홀로 있어도 충분히 매력적인 한 여자의 진정한 홀로서기 여정과 함께하듯 동화되면서 영화와 함께 끝난다. 그야말로 사색하기 좋은 가을날과 멋지게 결속하는 영화였다. 마치 사유하며 책 한 권을 읽은 것처럼…….

　　시간은 흐르는 물결 위에서
　　이슬 젖은 날개로 사라져가네
　　내일도 시간은 날개 위로
　　어제와 오늘처럼 사라져가겠지
　　나 또한 찬란한 날개를 타고
　　시간을 따라 사라지겠지

　　　　　　　　　　_ '물 위에서 노래함' 중에서

　영화 속 묵직한 철학적 질문들은 명쾌한 답을 주지 않는다. 우리 인생처럼 말이다. 인생은 불완전해서 아름답다. 늘 계획대로 또는 당연한 귀결로 가지 않는다. 예상치 못하게 흐르며 뒤섞이고 무작위적이다. 그래서 인생은 아름답고 살 만한 가치가 있는 것이 아닐까?

우리 인생은 수많은 표식들을 해독하고 살아가는 과정일 것이다. 사소한 일상의 문제들을 영혼 안으로 데리고 들어가기를 잠시 멈추고 불안스레 서성이는 시간을 가지는 것도 좋을 것 같다.

가을은 답이 없는 질문들로 채우고 싶은 계절이다. 인생은 살아갈수록 답을 알기는커녕 낙엽이 쌓이듯 질문들만 쌓여가는 듯하다. 하지만 이 한 가지 답은 찾았다. 답을 찾는 건 그리 중요하지 않다는 것.

감사의 말

이 세상에 멈춰 있는 것은 아무것도 없다. 세상에 존재하는 모든 것은 시간과 장소와 상황에 따라 유기적으로 변한다. 나 자신도 하루 종일 물결치듯 변한다.

그러므로 나의 생각을 글자로 고정시키는 일은 두렵다. 훗날 후회할 수도 있는 선입견을 남기는 일일지도 모르기 때문이다. 확신과 신념에 매몰되지 않도록 조심하는 인생을 살고 싶었는데, 나의 생각은 이렇다고 고정시켜 책으로 남긴다는 것은 더욱 두렵다. 하지만 그렇게 생각하기 시작하면 우리는 아무것도 할 수 없다. 인생은 모순과 부조리함으로 가득하다. 그 두려움을 극복하는 데 용기를 주신 허유민 편집자 님에게 감사한다.

춤을 추는 동안은 백으로 완벽하게 그 순간에 존재하고, 춤이 끝나면 완벽하게 사라진다. 나도 그러고 싶었다. 그런데 이젠 어디선가 떠돌고 있을 책을 생각하면 완벽하게 사라지고 싶다는 꿈은 접어야 할 것 같다. 고작 책 한 권을 내면서 조금은 과하다고 생각하면서도, 나의 말과 생각들이 시대착오적인 편견일 수 있음을 여기 분명히 밝히고자 한다. 그럼에도 확신에 찬 한마디를 할 수 있다는 것은 아름다운 순간이기도 하다. 나의 글 중에 어떤 한 문장이, 한 단어가 또 누군가의 영혼을 위로해줄 수 있다면, 오류일지 모르는 나의 편견도 가치가 있지 않을까.

나는 책을 읽지 않거나 명상하지 않고도 자신의 삶에 충실하고 건강하게 살아가는 평범한 보통 사람들을 경이로운 눈으로 바라본다. 그러면서도 정작 나 자신은 늘 스스로의 영혼을 다독이기 위해 책을 읽고 또 그것을 나의 현실 속으로 가져오려고 했다. 그 결과물이 모여 이 책이 되었다.

어린 시절부터 내가 자유로운 사고를 할 수 있도록 가늠할 수조차 없는 깊은 사랑으로 정신적, 물리적 자유를 주신 엄마에게 그리고 하늘나라에 계신 아버지에게 감사한다. 그리고 내가 중심을 잃지 않도록 존재 자체로 믿음과 끝없는 영감을 준 아들에게, 적당한 거리에서 늘 냉철하게 비판해준 파트너에게도 감사한다(그는 늘 나에게 칭찬보다는 비판의 소리에 귀 기울이라고 한다). 그리고 생전에 읽던 책들에 남긴 밑줄로 아직도 나에게 용기를 주고 있는 저세상에 있는 동생에게도 감사한다. 예술한답시고 이기적 유전자를 뿌리고 다니며 언제나 이런저런 부탁만 하고 다니는 나에게 아낌없이 지원해주신 지인들, 친구들에게 머리 숙여 깊이 감사한다.

이번 생에 그 감사함을 갚을 수 있을지 알 길은 없지만⋯⋯.

2023년 6월, 나의 참새 방앗간 카페에서
김윤정

후주

1 한병철, 전대호 옮김, 『리추얼의 종말』(김영사), 2021년

2 유발 하라리, 조현욱 옮김, 『사피엔스』(김영사), 2023년

3 알랭 드 보통, 정영목 옮김, 『불안』(은행나무), 2011년

4 「나를 언어로 규정하기」는 2022년에 쓰인 글로, 올해는 모두 2022년이 기준임을 밝힌다.

5 크리스티앙 보뱅, 이창실 옮김, 『작은 파티 드레스』(1984Books), 2021년

6 파스칼 키냐르, 송의경 옮김, 『떠도는 그림자들』(문학과지성사), 2003년

7 미국의 무용가 마사 그레이엄이 창시한, 신체 근육의 수축과 이완으로 대표되는 표현 양식.

8 물리학 박사 모세 펠덴크라이스가 창시한 신체 인지 시스템이자 운동법.

9 프레더릭 알렉산더가 창시한, 잘못된 습관을 인식하여 심신의 통합을 추구하는 요법.

10 움직임의 이완과 호흡, 유동성을 중시하는 댄스 기법.

11 독일 뒤셀도르프에서 2년마다 개최되는 국제 무용 플랫폼.

12 버지니아 울프, 박희진 옮김, 『파도』(솔출판사), 2019년

13 독일의 대학 입학 자격 시험.

14 류시화, 『지구별 여행자』(연금술사), 2019년

15 발끝을 몸 방향보다 바깥쪽을 보도록 선 자세.

16 발뒤꿈치를 바닥에서 들어 올리고 양쪽 무릎을 완전히 구

부리는 발레 동작.

17 발이 바닥에 닿은 상태에서 양쪽 무릎을 반만 구부리는 발레 동작.

18 류시화, 『지구별 여행자』(연금술사), 2019년

19 한나 아렌트, 김선욱 옮김, 『예루살렘의 아이히만』(한길사), 2006년

20 파스칼 키냐르, 류재화 옮김, 『심연들』(문학과지성사), 2010년

21 1960년대 일본에서 등장한 전위무용으로, 가부키와 노[能], 서구의 현대무용 등의 영향을 받았다.

22 가스통 바슐라르, 곽광수 옮김, 『공간의 시학』(동문선), 2023년

23 버지니아 울프, 박희진 옮김, 『파도』(솔출판사), 2019년

24 한병철, 전대호 옮김, 『사물의 소멸』(김영사), 2022년

25 앤 보가트가 창시한 훈련법으로, 시간과 공간을 아홉 가지 요소로 세분화하여 공연자에게 움직임을 인지시켜 공동 창작의 효율을 이끌어낸다.

26 스즈키 다다시가 창시한 신체 훈련법으로, 무대 위에서의 신체적·정신적 집중력을 높여 연극, 성악 등의 분야에서 폭넓게 활용된다.

27 알베르 카뮈, 최윤주 옮김, 『페스트』(열린책들), 2014년

28 알베르 카뮈, 박언주 옮김, 『시지프 신화』(열린책들), 2020년

29 페르난두 페소아, 배수아 옮김, 『불안의 서』(봄날의책), 2014년

30 페르난두 페소아, 배수아 옮김, 『불안의 서』(봄날의책), 2014년

31 페르난두 페소아, 김한민 옮김, 『시는 내가 홀로 있는 방식』, (민음사), 2018년

32 솔로 가수의 노래와 2대의 기타 연주를 결합한 포르투갈
    의 음악 장르.

33 김소연, 『사랑에는 사랑이 없다』(문학과지성사), 2019년

34 롤랑 바르트, 김희영 옮김, 『사랑의 단상』(동문선), 2004년

35 뤼스 이리가레, 정소영 옮김, 『사랑의 길』(동문선), 2009년

36 유발 하라리, 김명주 옮김, 『호모 데우스』(김영사), 2017년

37 블레즈 파스칼, 이환 옮김, 『팡세』(민음사), 2003년

38 장 자크 루소, 서익원 옮김, 『신 엘로이즈2』(한길사),
    2008년

펜으로 쓰는 춤

ⓒ 김윤정 2023

초판 1쇄 인쇄 2023년 6월 12일
초판 1쇄 발행 2023년 6월 30일

지은이 김윤정
펴낸이 정은선

펴낸곳 ㈜오렌지디
출판등록 제2020 - 000013호
주소 서울특별시 강남구 선릉로 428
전화 02-6196 - 0380 | 팩스 02-6499-0323

ISBN 979-11-92674-93-3 (03680)

www.oranged.co.kr